（全彩手绘图解版）

营销心理学

金牌营销一定要懂得的
心理学秘密

速溶综合研究所　何圣君◎著

人民邮电出版社
北京

图书在版编目（CIP）数据

营销心理学：金牌营销一定要懂得的心理学秘密：全彩手绘图解版 / 速溶综合研究所，何圣君著. -- 北京：人民邮电出版社，2018.1
ISBN 978-7-115-46983-0

Ⅰ. ①营… Ⅱ. ①速… ②何… Ⅲ. ①市场心理学—通俗读物 Ⅳ. ①F713.55-49

中国版本图书馆CIP数据核字(2017)第239267号

内 容 提 要

营销是一场心理战，销售就是心与心的较量。

为什么顾客总是拒绝你？

为什么你讲得如此详细，顾客就是不买单？

我们要怎样预防生活中的销售诈骗？

本书通过生动的解析和事例，结合心理学原理与有趣的图解让你准确地读懂客户的内心世界，更好地与客户交流。只有将自己手中的武器磨得足够锋利，才能信心百倍地走上战场，赢得一次又一次的胜利。当然，说得再精彩，也不如自己去体验！

本书适合用作心理学入门科普书，也适合心理学爱好者阅读使用。

- ◆ 著　　　　速溶综合研究所　何圣君
　　责任编辑　李士振
　　责任印制　周昇亮
- ◆ 人民邮电出版社出版发行　北京市丰台区成寿寺路 11 号
　　邮编　100164　电子邮件　315@ptpress.com.cn
　　网址　http://www.ptpress.com.cn
　　北京天宇星印刷厂印刷
- ◆ 开本：690×970　1/16
　　印张：14　　　　　　　　　　2018 年 1 月第 1 版
　　字数：328 千字　　　　　　　2025 年 8 月北京第 20 次印刷

定价：49.80 元

读者服务热线：(010)81055296　印装质量热线：(010)81055316
反盗版热线：(010)81055315

速溶综合研究所
心理研究室

　　隶属于速溶综合研究所，致力于研究职场、家庭与社会等方面的各种问题，是提出有效解决方案的研究机构。在梅第奇博士的带领下，研究员们已经找到了多项问题的解决方法，并有效地帮助了许多前来进行心理咨询的客户。

梅第奇博士
速溶综合研究所心理研究室室长

　　毕业于意大利都灵大学心理学院，为心理学博士，专攻社会心理学和临床心理学，具有国家二级心理咨询师资格。喜欢做实验，习惯带着宠物猫"凯撒"一起去研究所上班。虽然他看起来严肃，但脾气温和谦逊。

科西莫（博士的得力助手）
速溶综合研究所心理研究室护士

　　性格活泼又有头脑，个子虽小，却很关心身边的人，能带给别人如沐春风的亲切感。
　　曾经在大型医院当护士，现在于研究室任职。

凯撒猫（博士的得力助手）
博士在研究室养的宠物

　　喜欢吃鱼，偶尔卖萌，看起来是一只普通的中华田园猫，其实是一个有智慧的未来生物。
　　一直想有个"女朋友"，可是博士好像并不知道。

小希
心理学专业本科毕业生
性格爽朗，做事雷厉风行，给人女强人的即视感；但是内心火热，富有正义感。

妮妮
小希的好闺蜜
目前就职于某国际外贸公司，担任主管，性格要强，对工作极其认真负责。

小卷
心理学专业本科毕业生
性格沉稳，乐于助人。平时喜欢待在图书馆看研究专著，实习时喜欢与博士讨论，并能碰撞出灵感的火花。

小德
小卷从小到大的好哥们儿
阳光帅气有活力，喜欢游泳、健身，拥有吃不胖的体质。

小曾
妮妮的业务伙伴
是个大老板。虽然看上去很平凡，实际上很有做生意的头脑。

思思
小希的学妹
开朗活泼，喜欢一切看起来萌萌的事物。

目　录
CONTENTS

第1章 是时候了解一些心理透视了

002　❶ 心理透视基本方法——观察

006　❷ 心理透视基本方法——分析

010　❸ 心理透视基本方法——信赖

014　❹ 心理透视基本方法——诱导

017　❺ 每个人都是演员

021　❻ 谎言的信号

025　❼ 眼睛是心灵的窗口

029　❽ 颜色和心理的关系

033　❾ 模仿他人与被他人模仿

037　❿ 技术性怯弱有时很有用

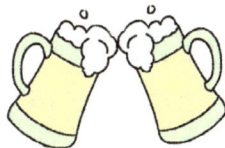

第2章 隐藏于营销中的心理学

042	01	三秒钟看清你的顾客
046	02	什么样的站姿最有效
050	03	让顾客不吃亏的秘密
055	04	不要兜售你的产品
060	05	用故事感动消费者
064	06	产品大卖的选择暗示
069	07	感性比理性更容易被动摇
073	08	购买是一种假想
077	09	移动互联时代的"研讨会"
081	10	企业与媒体的心理战

第3章 交涉中的心理战

086	01	让对方难以拒绝
090	02	利用对方的罪恶感

094   **03** 让人觉得占了便宜

098   **04** 战略家的心理战略

102   **05** 变成内心强大的人

106   **06** 找到一点突破

110   **07** 先下手为强取得优势

114   **08** 好印象的战略论

119   **09** 消极思想的恩惠

123   **10** 说些对方想听的

限时打折

第4章 属于消费者的心理学

开始

中途阶段

后面阶段

128   **01** 消费者的定位

133   **02** 找到消费的理由

138   **03** 增强消费者的自信

142   **04** 让消费者不后悔

146   **05** 让顾客买了又买

151   **06** 消费欲望减弱的心理

156 | 07 商品不需要品质过剩
160 | 08 再等一下的心理
164 | 09 如何区分不同类型的消费者
169 | 10 有选择性的商品

第5章 需要识别的营销诈骗

174 | 01 不要被虚拟的人迷惑
179 | 02 天上不会有免费的馅饼掉下来
183 | 03 亲情缺失的不良后果
188 | 04 当心"专业人士"的欺骗
192 | 05 股神并没有那么神
196 | 06 占卜并没有那么高深
200 | 07 小心婚姻中介成为美丽的陷阱
205 | 08 你的领导不缺钱
209 | 09 诈骗的常用句式

213 | 主要参考文献
214 | 后记

第 **1** 章

是时候了解一些
心理透视了

人的心理，无论是有意还是无意，
都会以各种形式的表情和动作表现出来。这些举止中，
隐藏着大量的真实信息，反映了当事人的心态和性格。
我们可以通过一个人的行为举止透视其内心，
从而见机行事，
提前做出判断和反应。

心理透视基本方法
——观察

- 什么是心理透视术的基本方法？
- 观察一个人的维度有哪些？
- 我们可以怎样去观察一个人？

！商业秘密 泄露事件

假设你是一个部门的老板，你能从下面这段情境中找出是谁把机密透露给竞争对手的那个员工吗？

员工A："不是我。"一边说一边摊开双手。

员工B："不可能是我，老板你知道的。"说完用手指揉了揉鼻子。

员工C：视线朝下，眨了眨眼，抿着嘴，没说话。

你心里有答案了吗？接着你会把谁留下来和他单独约谈呢？老板把C留了下来，但并非怀疑他是嫌疑人，而是老板从他的脸上读出了隐情。在一对一的对话中，老板证实了自己的预判，果然员工B才是真正的嫌疑人，且C在B还未来得及做大手脚前，在B的已发送邮箱中找到了证据。一件涉嫌商业秘密的泄露事件被揭露。

老板的心理透视技巧

那么，老板又是如何通过在员工C的身上预判得到信息的呢？其实老板就是运用了==心理透视的基本方法：观察。==

从观察中可以发现，员工A的肢体语言"摊手"所蕴含的信息是坦诚；员工B嘴上虽然否认，但"揉鼻子"的微动作却显示他对自己所说的话并没有什么信心；而员工C虽然什么都没说，但"视线朝下地眨眼"显示他在思考，"抿着嘴"则是在隐忍一些重要的信息。

所以通过这一系列的观察，深谙人性的老板单独留下了员工C，终于在没有第三者在场的情况下一步问出了C所知道的全部事实，最终肯定了自己的预判，并在IT部门同事的配合下，一举找到了员工B的泄露商业秘密的证据。不仅将整件事情圆满结案，更增加了其自身的神秘感和影响力，从而为这位部门老板在这个公司里的进一步发展夯实了稳固的基础。

学会怎样去观察

观察，作为心理透视的输入环节，起着至关重要的作用。那具体我们应该怎样做好观察的工作呢？

方法一：举止、言谈、微表情

正如上述案例中的观察，==一个人的举止、言谈、微表情往往能反映==

==他的即时情绪。==这些细微的动作往往受到潜意识的控制，会不由自主地表现出来。

通过这些微小表情以及肢体动作的把握，我们就能在较大程度上掌握对方对自己所说的话有没有信心；对你的话题感不感兴趣；他的心理状态可能是怎样的……从而为我们的下一步行动提供较为可靠的依据。

方法二：与人交流可以从身边的食物开始

==人们对待食物的态度，往往可以体现一个人的性格。==身边常备零食的人，往往自控能力较弱；爱喝研磨咖啡的人，则对生活有一定的追求，继而可以推理他对自己工作的品质也有相应的要求；在饭桌上，懂得礼数的人往往在一盘新菜上来时不会第一个动筷，如果11人吃饭，上

怎样去观察

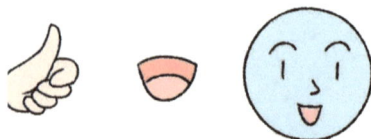

1.举止、言谈、微表情。

2.从食物开始。

3.他与别人如何相处。

4.从办公桌、锁门小细节。

来的扇贝只有10只，心思细密且为他人着想的人就会等一段时间，才会去夹剩下的这道菜。

方法三：看他如何与别人相处

==一个人与同事或朋友相处的方式体现了他的价值观。== 比如，凡是要争论出对错的人，其遵守规则的倾向往往就比较强，但与此同时，此人处事可能就不太圆滑，不懂得变通。又如，某人总是不懂得拒绝别人，那么他的老好人倾向就相对严重，这样的人不适合提拔为领导干部，否则很多事情不但安排不下去，属下的坏习惯也会变得无法去除。

方法四：从办公桌、锁门等小细节观人

小细节往往会透露出一个人的习惯。有些人的办公桌干净得一尘不染，电脑、鼠标、键盘、文件等放得整整齐齐，这样的人做事情有条理的概率就会偏大。另一些人锁完门总是会不自觉地去拉推几下，这种行为则是有些轻度强迫症的体现，事情交到他的手上会比较放心，极大概率他会把托付的任务跟进到底。

! END WORDS

结语

● 观察并获取情报是决策前提。无论你是经理还是菜鸟新丁，学会心理透视的基本方法，带着意识地主动观察，从而利用好所得到的情报，都能助你在职场上取得先机，解决普通人所无法解决的问题，进而让自己在职业生涯上有所成就。

02 心理透视基本方法
——分析

- 福尔摩斯的成名技能本质是什么?
- 有效分析的步骤是什么?
- 生活和工作中,分析能帮助我们做些什么事?

! 福尔摩斯的
神奇技能

福尔摩斯这个名字想必大家都不陌生,人们都渴望拥有福尔摩斯一样的推理能力,而其中最经典的桥段莫过于此:华生惊讶于一眼就被福尔摩斯"猜"到了自己的职业,而大侦探却开始娓娓道来:"你的手腕处黑白分明,而黑色显然不是你皮肤原有的颜色;同时,你的行为举止十分得体、动作铿锵有力,而且虽然脚有些跛却依然习惯站立而非坐下;与此同时,从你前面救人的干练来看你绝非业余。综合以上这些特点,你的职业自然呼之欲出———名军医。"

华生为福尔摩斯的演绎法叹服,读者也无不拍手称快。其实,这种结合观察和推理所组成的心理透视法并不神奇。它就是我们日常所说的:分析。

！ 怎样分析 才有效

分析是对观察中信息的处理。它能让你看到一般人看不到的事实，从而得出有用的结论和情报，从而为你的目标服务。然而，怎样的分析才算有效呢？首先是有效地获取信息。比如，如果你是和华生初次打交道的人，你如果没能注意到他手腕处的晒痕、他铿锵有力的动作、他的跛足、他偏好于站立而非坐下、他救人时的干练，你就没有足够的素材去做信息处理，进而得出结论。其次问自己几个问题。仍以华生举例，他的晒痕是从哪里来的？什么让他的动作如此铿锵有力？他怎么会跛足

怎样分析才有效

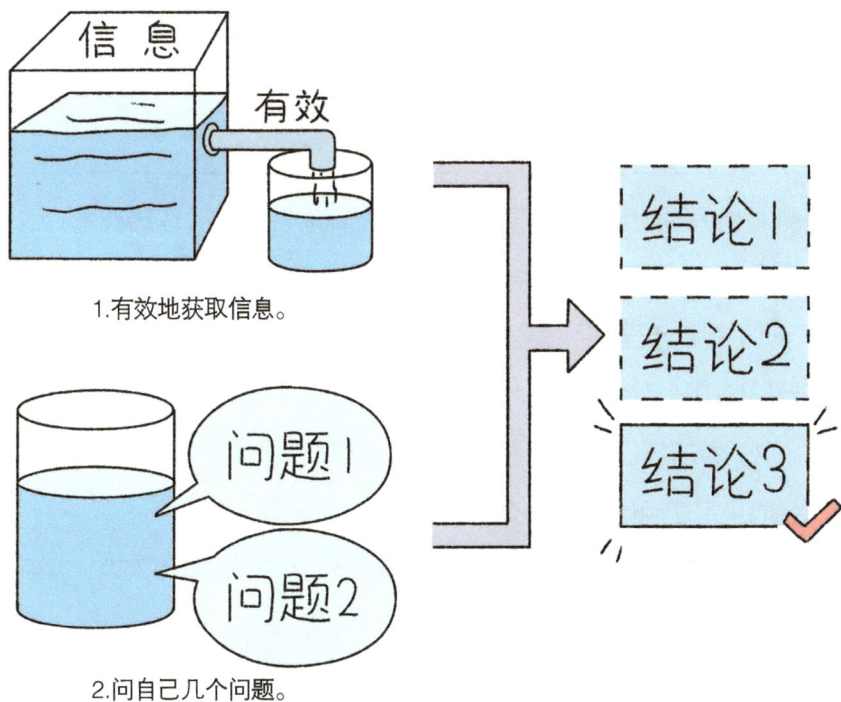

1.有效地获取信息。

2.问自己几个问题。

呢？他为什么偏好站而不是坐下？要经过多少训练才能使他的施救动作可以达到如此干练的程度？第三，在自己的知识范围内搜索符合上述问题的答案，然后把它们结合起来，可能会得出如下几种结论。

A.一个从夏威夷度假回来的医生

B.一个学习过CPR（心肺复苏）的体育教练

C.一个受过伤的军人

D.一个军医

经过几轮试错，前面几个答案无法完全吻合这些特点，而仅仅最后一个选项才与观察的结果完全契合，因此，正确的答案自然呼之欲出。以上分析步骤看似复杂，但倘若熟练掌握就会在你的脑海里电光石火之间形成推论，并得到一个有效的分析结果。

！生活和工作中的"分析"使用场景

你可能会说，我并不打算做侦探，就算学会这套心理透视术，也没什么用吧？不，看了以下几点，你就会知道心理透视术的作用了。

（1）提高自己识别谎言的眼力。这可通过分析对方的微表情入手，从蛛丝马迹中获悉端倪。

（2）增加自己说服别人的能力。这可通过分析对方的性格特征入手，从而决定使用什么说话技巧。

（3）提高自己的业务收入。这可通过分析客户的痛点入手，介绍你产品特点时强调可以满足该痛点。

（4）追求到心仪的对象。这可通过分析他或她的爱好入手，以此为切入点建立关系。

如果以上几点中有你中意的目标，那么心理透视术——分析就特别适合你哦。

生活和工作中的分析使用场景

1.识别谎言。

2.说服别人。

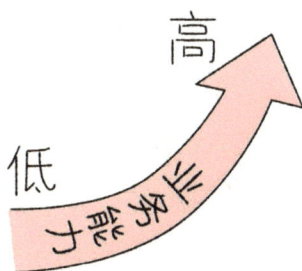

3.提高业务能力。

4.追求心仪对象。

END WORDS

结语

分析作为处理观察到信息的一种手段，是我们提升行动成功率的依靠。一旦掌握了这套方法，并把它训练成为自己下意识的本能反应，你就能逐步成为一个"看入人里，看出人外"的高手。

心理透视基本方法
——信赖

- 信赖的根本作用是什么?
- 怎样运用互惠原理获得信赖?
- 如何使用变色龙效应得到信赖?

！信赖的作用

如果你是一位主管,你有一件重要的任务需要交办,你会交给谁? 如果你失意了,你会把自己的内心袒露给谁? 如果你有一个计划,你又会把它与谁分享? 这些人是否都是你所信赖的人? 是的,不论是重要的事还是信息,我们往往倾向于托付给信赖的人或与信赖之人分享。

信赖就是给别人以亲切感,让对方不自觉地做出你想要的反应,从而诱导对方透露你希望得到的信息,实现你想要得到的结果。那么,为了掌握心理透视术的基本方法之三,我们要怎么做才能快速地获得他人的信赖呢?

！如何获得信赖

有一个关于信赖的类比说得十分贴切: 信赖是一扇从内向外打开的

门，你无法从外面去打开这扇门，所以你无法强制要求别人对你信任，但你可以通过一些方法，让他人主动对你打开这扇门。

方法一：信赖交换

所谓信赖交换就是你可以逐步向对方透露一些自己的情况，一开始可以只是一些简单信息，比如自己的学校、院系、工作的经历，随着时间的推移和交往的深入，再进一步披露更多的隐私。这有什么作用呢？

互惠原理

信息

主动透露

回报

信息

!把自己的信息透露给别人时，作为回报，别人也会给你说出自己的信息。

你会发现这扇信赖的大门会逐渐打开，对方也会开始向你说一些自己的信息，而且越是私人的交流越是能够获得信赖。

　　方法解密：信赖交换的本质源于"互惠原理"，即人类会本能地以一种类似的行为来回报对方。当你把私人化的信息透露给他人时，作为回报，他人会不自觉地诉说自己的信息。因此，使用这种方法，你不但能轻易和快速地"获取"他人的情况，更因为彼此的信息交换而产生信赖感。

　　操作要点：自身情况的分享和透露务必要做到循序渐进，交浅言深反而容易引起别人的反感和警惕。

变色龙效应

方法二：模仿游戏

模仿游戏意味着<mark>你可以悄悄地模仿对方的一些肢体动作和行为</mark>。比如，对方喜欢把双手插在口袋中，你也可以这样模仿：对方翘起二郎腿，你也可以把一只脚放到另一条腿上；甚至对方的笑声笑得爽朗而豪放你都可以立即效法。

这种模仿会让他在潜意识中认为你们是一见如故的同类，信赖感就会在这种模仿游戏中逐步产生。

方法解密：模仿游戏所蕴含的心理学原理被称作<mark>"变色龙效应"</mark>。这项效应最初被两位心理学家巴奇（Bargh）和查特朗（Chartrand）发现。他们通过对比实验，证实了通过模仿对方的动作能有效增加他人对自己的信赖程度。

操作要点：模仿的行为应该是自然而然的，如果被对方发现你的模仿是刻意行为，则会引发尴尬。

END WORDS

结语

信赖是获得对方信息的有利因素，能在很大程度上为你对他人的心理透视产生极大的作用。而若你学会了信赖交换和模仿游戏两种信赖获取技巧，那你在营销心理学这项学问上就算入门了。

心理透视基本方法
——诱导

- 面霸面试方法的底层原理是什么？
- 什么是诱导术？
- 具体的使用方法是怎样的？

！ 面霸的
面试方法

在一场面试中，怎样做才可以获得面试官的青睐呢？心理学的答案是：投其所好。可是，要怎么才能知道一位陌生的面试官喜欢什么样的人呢？

曾有一位十分有经验的应聘者居然在一场面试中反客为主，让面试官滔滔不绝之后又对自己大加赞赏，具体他是怎么做的呢？他不露声色地率先对面试官的职业生涯产生好奇，并成功让他分享了自己一步步走上领导岗位的经历。面试官：我是第一批进厂的员工，一开始什么都没有，我也刚毕业，但公司的高层很信任我，一直鼓励我自己发挥才干，建立了今天这套运作体系。公司对我的付出也给予丰厚的回报，我在这些年得到连续的晋升，逐渐做到今天的位置。从面试官所透露的信息中，我们不难发现，比起一般公司中层的保守和谨慎，这位面试官是一个具有创新意识、进取开拓的人。在之后的谈话中，面试者尽可能地体现了与面试官相似的价值观和信念。结果自然是预料之中——他不但得到了面试官的青睐，并且被推荐为重点发展对象。

❗ 诱导：让对方乖乖透露 信息的心理技巧

所谓诱导，就是<mark>用一种让对方觉得是自身行为，接近暗示的方式让他们吐露出关键信息</mark>，从而使心理技巧的使用者利用这些信息达成自己的目标。

在上述这个案例中，面试者充分利用了人们普遍乐于分享自己成功历史的特点，让对方在酣畅淋漓地大谈奋斗史的过程中透露出自

诱导术

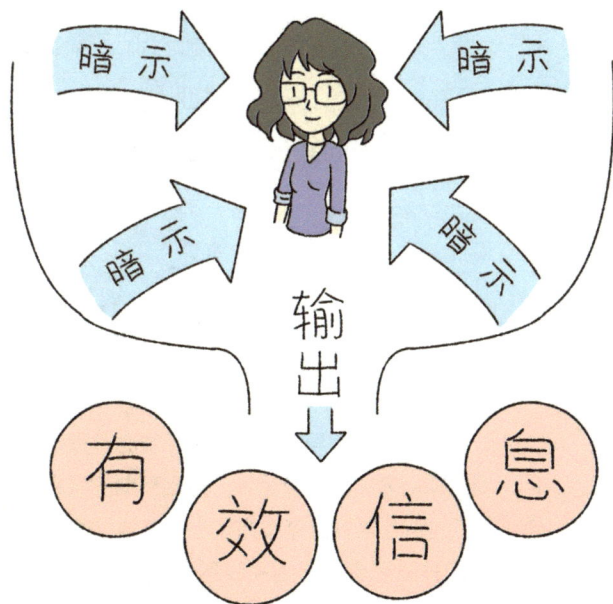

己的VABE（Value：价值观；Assumption：假设；Believe：信念；Exception：期望），从而使面试者得以迅速提炼出针对性策略，进而在接下来的面试过程中投其所好，体现其最期望的特质，并最终一举夺得该岗位的offer（录用）。

然而，不要以为诱导仅仅在特定场景适用。在日常的生活和工作中，有很多场合都不方便直截了当地向对方打探消息、求得帮助。此时，诱导也是十分恰当的方式[4]。

比如，你想得到一位高层人事经理的指导，但你意识到直截了当地求教她，以你们彼此从未谋面的客观事实，你未必能获得期望的结果。此时，你可以一开始就说："Andy告诉我，您是一位乐于指导新人员工关系方面的专家"。这就等于暗示对方如下信息。

（1）由于你们有彼此共同的熟人（Andy），这位高层经理有信任你的基础。

（2）作为高层经理，她是一位乐于指导新人的主管。

（3）员工关系方面的专业知识是她的强项，她有能力与你分享。

最终，由她自行向你提供专业指导看起来是她的自由意志选择，实质是你的心理诱导技巧起了作用。

END WORDS

结语

● 当然，心理诱导并不能每次都能必然取得预期之中的作用，但它却能增加你获取信息、得到帮助的概率。通过熟练使用这第四种心理透视的基本方法——诱导，你就能在一些关键时刻获取关键信息，得到关键帮助，从而为你夯实好成功的基础。

每个人都是演员

- 为什么晋升有时需要靠演技?
- 为什么说"世界是个舞台,我们都是演员"?
- 什么是印象管理,怎么才能做好印象管理?

! 晋升凭什么靠演技

　　Tom和Jerry两人进公司都已经快三年了,他们的年龄相当,学历相当。但Tom有一个习惯,就是经常趁老板在一旁的情况下大声打电话,表现出特别关心生产线上的重要订单有没有被及时执行;而Jerry虽然也会做这些工作,但他不屑当着老板的面这么做。年底,一个主管的晋升机会将在他们两人中间产生,你猜猜究竟花落谁家?

　　不错,是Tom。你可能有些为Jerry惋惜,Tom不就是一个会表演的演员吗? 这个世界究竟还有没有公平,为什么光靠演技就能上位? 那无数像Jerry般默默付出的普通员工就没有出头之日了吗?

　　既然你已经手捧这本书,必然也是希望在本书中获取养分,学会一些心理学知识,以此作为你将来争取社会资源的武器。那么,我们就来心平气和地分析,到底是什么让Tom成功晋升,你又能从中学会什么? 怎么去运用?

！世界是个舞台，
！我们都是演员

　　Tom这种用心的"演技"用心理学的专业术语讲，叫作"==印象管理=="（Impression management or self-presentation），==是人们通过自身的语言、行为或表情试图管理他人对自己印象形成的过程==。在日常的学习生活和工作中，尤其是在获取社会资源的职场，我们往往需要展现出自己某几方面的特质、技能甚至态度，从而获得别人的认可，进而在与他人的互动中得到更多"好处"。在这个过程里，我们实际会不自觉地扮演着自己的角色，在世界这个大舞台上每天做着表演。

　　演员分偶像派和实力派，更好地表演是为了把自己推销出去。那么，我们该如何表演才能尽显自己的特色，成为别人眼中值得信赖，愿意甚至喜爱与我们互动的角色呢？

印象管理

① 人们通过自身的语言、行为或表情试图管理他人对自己印象形成的过程。

印象管理，
你不得不做的功课

作为提升形象的心理术，印象管理有三种不同的基本策略，具体方法如下。

策略一：**表明态度**。现在早已不是酒香不怕巷子深的时代，领导工作繁忙，不可能时时刻刻围在你的身边观察你如何给组织带来贡献。如果你的确为目标有所付出，用一定的手法，比如在微信群里要求相关同事给予协助，就是体现认真工作态度的手段之一。上述案例中，Tom的手法就属于该策略。

策略二：**宣扬功绩**。在团队取得一定的成绩后，你可以参加公司里的各种持续改进计划（有的单位也称为CIT，即Continuous Improment），在结案报告里写上你是如何分析问题、解决问题的，你们所取得的效益折合成年化现金收益大约是多少？用一种量化的手段客观地宣扬自己的功绩，以引起上司或高层的注意。

策略三：**提示困难**。让同事和领导知道，你们是在怎样资源缺乏、人力稀少、环境恶劣的情况下依旧做出成绩的。比如，尽管加班成本需要控制，机器备件和生产所需的化学品要实现零库存，但你们依旧完成了组织给予的目标。

值得注意的是，无论使用哪种策略都要适度，否则，过度地滥用策略只会引起周遭同事甚至上司的反感。在印象管理的具体操作中我们要拿捏好分寸，做到点到即止，见好就收。

工作中印象管理的三种方法

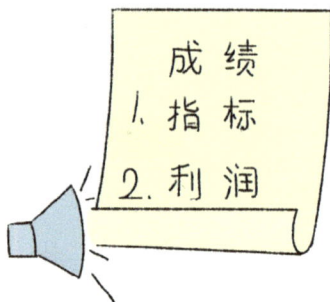

1.表明态度。

2.宣扬功绩。

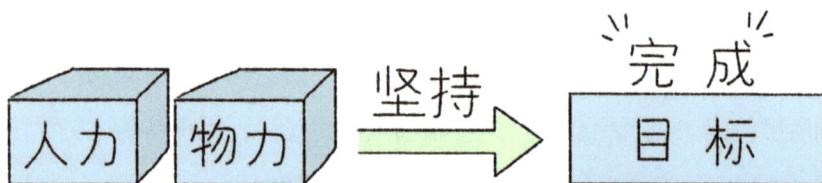

3.提示困难。

END WORDS

结语

●印象管理是一种工具，其目的是为了向其他人更好地营销自己。因此，印象管理本身并不错误，有些人的误用、欺骗只是使用者本身带着不好的目的。学习营销心理学要抛弃清高的俗见，把它们用在正途，并通过有效地学习和践行，娴熟地掌握这门技能，从而让自己成为一个懂得营销的人。

06

谎言的信号

- 人们说谎时会露出哪些蛛丝马迹?
- 什么是微表情?
- 使用微表情洞察技巧有什么特别注意事项?

！识别谎言的技术

在不少关于谍战的电影中,那些受过训练的特工仿佛是一台移动测谎仪,总是可以立即判断对方说的是真话还是假话。那么这到底是艺术的渲染还是一种真实存在的技术? 如果你能掌握这种技术,能够瞬间捕捉到对方正在说谎,从而帮助自己在接下去的互动中占据上风,你是不是很愿意学习?

其实,早在20世纪60年代,微表情测谎技术就已经成为了心理学研究人员的研究对象。这些研究人员通过仔细观察每帧1/25秒的录像,从而分辨和记录人类在撒谎时会出现的一些微小动作和反应。这些动作和反应往往转瞬即逝,但如果你能捕捉到它们,它们就是谎言的信号。

！微表情辨真假

微表情的谎言信号有许多，以下就是其中的典型部分，都很具有代表性。最令人印象深刻的一个动作是：摸鼻子。著名的辛普森案件和庭

说谎的表现

1.摸鼻子。

2.触摸喉部、颈部等

3.把手插进口袋。

4.表情僵硬。

就是这样他为了掩饰真相曾不约而同地出现过类似的微表情。这是由于在正常情况下，人们说话时心态十分的平静，通过鼻腔的血流缓慢。而一旦开始说谎，鼻子里的血液流动会明显增加。这将刺激鼻腔粘膜产生不适感（通常是瘙痒）。为了缓解这种不适感，人的手就会条件反射般

地抚摸或者揉搓鼻子。

此外，说谎的另一个显著的特征是：<mark>说谎人总是会不经意地用手去触碰喉部、颈部、脸部等部位</mark>。这是由于人类的喉部、颈部和脸部皮肤存在大量的神经末梢，紧张时，人们会不自觉地用手抚触这块区域。通过这个动作，可以有效降低血压，减慢心跳，缓解不安的情绪，从而使人平静下来。而在数万年的人类进化过程中，这个安抚自己情绪的行为就成为了人类撒谎时的下意识反射动作。

从以上典型特征来看，其实说谎和微表情之间都是存在一定内在逻辑关系的。可以说，它们无不是人类瞬间情绪导致的反射动作。类似的谎言信号还有以下几种。

（1）试图把手藏起来，比如插进口袋。

出现说谎动作的原因

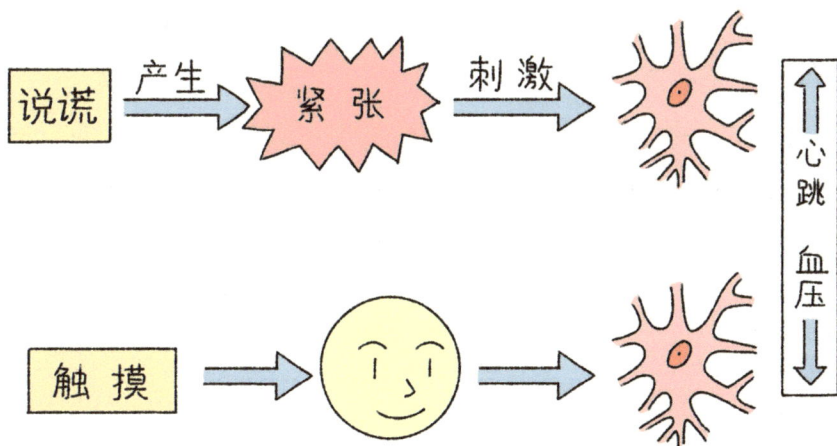

说谎 —产生→ 紧张 —刺激→

触摸 →

心跳 血压

> ❶ 说谎时，人的血压和心跳会加快。为了缓解这种状况，就会不自觉地触碰身体的某些部位。

（2）身体会多次改变姿势，比如变换二郎腿。

（3）笑容不自然，表情僵硬。

（4）女性说谎者会凝视对方，查看是否发现自己的谎言；男性则往往选择挪开视线，从而避免直接的视线接触。

（5）假装生气的人拍桌子和大喊会有零点几秒的不同步等。

！微表情测谎的重要提示

虽然微表情识别谎言有较高的准确率，但它和绝大多数的社会科学有一个类似的特点，那就是它的准确度仅仅只是大概率事件。而大概率事件就意味着它并非完全正确。因此，在使用微表情测谎的时候，使用者不能武断地指出因为对方出现了典型反应，就判定对方说谎。这不但犯了逻辑上的错误，而且一旦你的指正是错误的，你就很容易把自己置于尴尬的境地。

所以，如果你通过使用这些谎言信号得到了对方说谎的可能，你可以设法寻找证据支持自己的观点，或者可以仅仅选择不去相信他。甚至有时候，看破不说破，也是一种水平极高的智慧。

END WORDS

结语

●学会微表情识别谎言的技术，无疑能使你在与别人互动的过程中占据优势，夺得先机。恰当地使用好这门本领，无论是在生活还是工作中，你都能成为一个洞悉他人的智者，让你以准确的判断和有效的行动成为一个慧眼如炬的人。

07

眼睛是心灵的窗口

- 什么是波斯商人的不传之秘?
- 瞳孔的大小与什么因素有关?
- 怎样运用好瞳孔心理技巧?

波斯商人的不传之秘

请你猜猜古代波斯商人在出售首饰时是通过什么来要价的?

A.客人的穿着打扮

B.客人对你投射的眼神

C.客人瞳孔的大小

D.客人呼吸的急促程度

答案是C。不错,人类很早就会利用别人的眼睛来读懂他人的内心。深谙此道的波斯商人只要发现顾客对着他的一串项链或一枚戒指瞳孔放大时,他就能立刻断定顾客对它极感兴趣,因此,开出再高的价格也不为过。而在中国,儒家学派的代表人物孟子以及曾国藩,也常常以眼神来判断一个人瞬时的情绪。可见,眼睛的确是心灵的一扇窗户,哪怕是内心一些细微的波动,也会在眼睛中反应出来。

！关于瞳孔研究的 心理学实验

你可能会认为以上只是经验主义的总结，那我们再来看看美国芝加哥大学埃克哈特·赫斯教授的实验。

赫斯教授之所以会想到要做这个实验是由于某天晚上，他躺在床上翻阅一本画册，而当时卧室的光线并不昏暗，可观察能力出众的教授夫人却发现丈夫的瞳孔大得出奇。这位心理学教授百思不得其解，但临睡前，他忽然猜到了某种可能：或许瞳孔的大小与人类情绪的反应有关联。

之后，他组织研究人员随机给受试者看一系列照片，同时观察并记录他们瞳孔的变化，结果发现：女性受试者看到婴儿的照片时，其瞳孔

瞳孔的放大与兴趣有关

1.男士观察美女照片。

2.女士观察婴儿照片。

平均扩张了25%；而男性受试者也会由于看到一些图片而不由自主扩张瞳孔达到20%左右，这些图片是女性的裸体照片。因此，实验结果已经十分明朗，==人类瞳孔的扩张与否的确不但与环境因素中光线的强弱有关，还和他们对当前事物感兴趣的程度有关。==

！瞳孔心理技巧的实战运用

知道了瞳孔与兴趣的关系，我们应该如何运用在生活和工作中呢？

运用场景一：聊天

我们常说自己不会聊天，常常把天聊死。其实，我们只是没有与对方聊到对的话题。每个人都有自己感兴趣的一个领域，有些人喜欢电子产品的硬件，有些则对明星八卦感兴趣。在聊天时，随机地切换几个话题，同时观察对方瞳孔的变化，当他的瞳孔显著扩张时，就此话题继续深入，你也能成为交际高手。

运用场景二：销售产品

在一对一的营销场景中，消费者往往对产品是否低价、过程体验如何、能否实现效果、是否让自己省心省力及产品的新颖性等五大角度感兴趣。那如何迅速识别对方的兴趣点？又从哪些方面着重介绍？从今天起，消费者瞳孔的大小就是你很好的依据。

运用场景三：谈恋爱

　　东方女性在恋爱关系中的矜持是自古流传下来的特点，因此她们即使真的想看这部电影，想和你一起享受一顿美食也未必会表现在语言中。此时，瞳孔心理技巧也能成为你识别她是否对此感兴趣的极佳策略。

实战应用

1.与别人聊天。

2.销售产品。

3.与男、女朋友约会。

END WORDS

结语

　　●眼睛是心灵的窗户，这不但是学生时代语文课本里隽永华丽的文字，更是你学会掌握后观人、识人的依据。掌握了瞳孔心理技巧，你就能在别人不知不觉中洞察他的内心，能在与对方的互动中占得先机，从而有效实现自己的目标。

08 颜色和心理的关系

- 为什么很少见到红色的电扇或粉色的保险箱？
- 色彩与心理有什么关系？
- 各种颜色都有怎样的心理学功效？

！颜色带给人的心理反应

你有没有见过红色的电风扇、粉色的保险箱、黑色的餐盘？如果有见过，那么它们出现的概率是不是很低？即使真的存在该种颜色的对应物品，你也必然需要花费一定的时间和精力才能找到它们。这是为什么呢？

答案是：色彩与人类的心理有着非常紧密的联系，使用不正确的颜色反而会让我们的内心感觉不适。以粉色的保险箱举例。保险箱的作用就是给人以安全的感觉，因此黑色、灰色等较为深沉的色彩才是该品类物品的首选，而粉色这种轻浮、鲜嫩的颜色却无法给人踏实的感觉。因此，鲜有生产厂商会以粉色作为保险箱的颜色。

！适用于不同情境的颜色

既然色彩和心理存在一定的关系，那么生活中那么多色彩，分别能体现怎样的心理效果，又适应于哪些场合呢？

红色

红色除了是波长最长的颜色，==它还能体现一个人的斗志==。根据达勒姆大学的两位心理学家拉塞尔·希尔（Russell Hill）和罗伯特·巴顿（Robert Barton）对红色的研究，凡是佩戴红色护具的格斗者要比其他颜色的选手胜率高出将近五个百分点。要知道，高手过招往往差之毫

色彩与心理

红色

蓝色

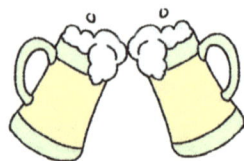

黄色

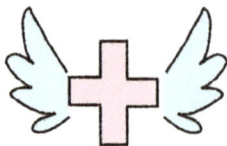

白色

紫色

厘，失之千里，一场比赛五个百分点的差异拓展到整场比赛，可能最终的差异会超过33%（按95%的五次方计算，即参加5场比赛）。

白色

白色象征纯洁、信任和善良。医院中之所以让所有的医务人员都身着白色，很大一部分的原因就在于白色能给人以一种干净和被信任的心理感受。它能在很大程度上增进医患之间的信任和被信任感，从而让患者把自己身体情况如实地告诉医生和护士。在商务场合，身着白色衬衫也能给人以一种干净、利落、大方、得体的感觉。因此，你可能没有黑衬衫、绿衬衫，但白衬衫几乎是每一个职场人士的必备品。

蓝色

几乎没有人会说自己讨厌蓝色，它是唯一一种没有性别指向性的颜色。通过研究发现，人们在蓝色环境中更容易冷静，工作效率也相比于其他颜色来说更高。当你希望别人倾听你时，身着蓝色的衬衣或外套会对你更有利。基于以上这些蓝色带给人们的心理特点，身着蓝色衣服去参加一场面试，出席一次会议，无疑是一项正确的选择。

黄色

黄色往往给人以一种乐观、幸福的暗示；其是一种非常明亮而出挑的颜色。在一大群人里，你能够一眼就看到一个身着黄色毛衣的女孩；同时，黄色也能刺激大脑的海马体，对激活记忆，促进思维过程十分有效。当你有问题需要思考时，在淡黄色的纸张上画一张思维导图无疑是一种高效能的做法。不过值得注意的是，黄色具有一定的不稳定性。在商务谈判的场合身着亮黄色上衣会有招摇、挑衅的意味，所以并非明智之选。

紫色

紫色曾是凯撒大帝的皇室色彩，除了人们常说的<mark>浪漫和神秘主义色彩</mark>，紫色在人类心理学上的贡献是能够使人心神安宁。从激动、不安调节到舒缓、稳定，如果再配以合适的腹式呼吸法，选择一条紫色的瑜伽垫是人们调节压力的绝佳方式。在紫色环绕的空间中冥想，能有效促进人们的创新思维，构想奇妙的点子。

END WORDS

结语

●每种色彩其实都有它的心理学功效。了解这些色彩对人们心理上的影响，知道在怎样的场合活用哪种颜色，对我们学习营销心理学来说是一种极有效果的辅助。这能助你在真实的营销场景中产生诱导顾客的作用，从而提高成功营销自己和你的产品的能力。

09

模仿他人与
被他人模仿

- 什么是同化效应？
- 如何利用同化效应让自己进步？
- 怎样使用同化效应营销自己的观点？

！我们的行为和习惯
会受到周围环境的影响

你有没有发现，一个办公室里的许多人几乎是同一时间内考取驾照甚至购置汽车；一部热播电视剧连载期间，男女主人公的同款服装或首饰都会大卖；部门的大领导如果有一个口头禅，似乎部门里的员工也会逐渐学会这种习惯用语。这是为什么呢？

研究发现，人们的态度和行为很容易受到周围环境的影响，会逐渐参照周围群体或个别成员的态度和行为，并在潜移默化中调适自己以适应这个外部环境。比如，当你跷二郎腿时，别人也会跷二郎腿。又如，团队中地位高的人会很容易被模仿。这种模仿与被模仿的现象被称为"同化效应"。

同化效应

环境

影 响

态 度

＋

行 为

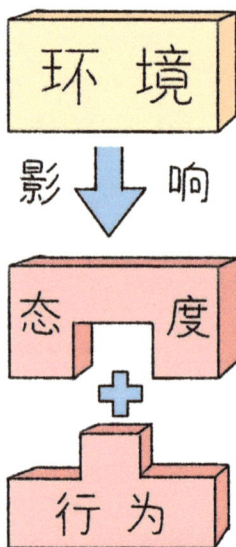

我们很容易受到周围群体或个别成员的影响。

！怎样利用同化效应

理解了同化效应后，我们又能怎样学以致用呢？下面我们将从被影响和影响他人两个角度来说明这个问题。

被影响

作为个体，人是一种十分容易受到暗示的动物。聪明的人容易受到暗示，反应迟钝的则反之；缺乏主见的容易受到暗示，个性突出的则又反之。但这些仅仅是程度的不同。有一句耳熟能详的话：你的收入约等于关系最近的6个朋友的平均值。所以，为了选择性地确定被谁影响，被谁同化，你应该谨慎地选好你的亲密朋友圈。

同样一句"今晚我要好好看《博弈心理学》"会产生诸如下列不同的反应。

微信群A: 别傻了,今晚去吃火锅如何?

微信群B: 我也买了一本《博弈心理学》,今晚准备好好学学!

积极好学的你,如果想要有进一步的发展和进步,你会选择A类还是B类的朋友作为你的核心朋友圈?

正是因为和怎样的朋友在一起久了,你就会不自觉地模仿他们,最终变成他们的一分子,所以你生存在怎么样的圈子里,自然就会受到一些影响。

影响别人

逻辑学上有两大谬误,一个是"诉诸于群众"(即,由于大多数人

怎样利用同化效应

1.被影响。　　　　　　　　　　　　　　　2.影响别人。

都持有这个观点，所以这个观点就是对的），另一个叫"诉诸于权威"（即，由于权威人物持有这个观点，所以这个观点就是对的），但在利用同化效应影响别人的场景中，我们恰恰可以拿来使用。

同化效应的表现之一就是"从众策略"。在会议中，如果你想要推销自己的观点，设法让自己的建议得到最终的通过，你就可以设法安排事先准备好的"托"率先表态。如此一来，原本反对的同事发现那么多人都支持你的观点，可能就会保持沉默甚至放弃自己的主张。

而"狐假虎威策略"则**是利用权威人物的影响力征服反对意见的持有者**。具体操作上，如果你大概率预测你要说服的对象会反对你的决策，你就可以事先和部门领导建议和沟通好，然后以部门领导的名义向外公布。如此一来，在一段时间后，持有反对主张的同事也会由于同化效应的影响，逐渐放弃自己原本的观点，在行动上将你的决策付诸于行动。

在传统广告业，无论是请明星代言还是请大咖背书，其本质都是以权威同化普罗大众的典型手法，尽管手法老套，但依旧效果显著。

> **END WORDS**

结语

● 模仿和被模仿、营销和被营销向来是人类社会的特点。"同化效应"在营销心理学中可以说是一门基础本领。无论你要营销自己的观点，还是推广自己的产品，同化效应都是值得考虑的有效策略。

10 技术性怯弱有时很有用

- 为什么说怯弱有时很有用？
- 技术性怯弱具体要怎么做？
- 什么是技术性怯弱心理技巧的操作要点？

! 怯弱有时很有用

怯弱往往被人们与一种负面的看法联系在一起，尤其对于男性来说。社会的普世价值认为男人只能刚强、勇敢，怯弱似乎是一种软弱无能的表现。害怕别人不高兴、害怕丢面子、害怕面对冲突等，在他人面前不是唯唯诺诺，就是语无伦次。

很少有人能够完全摆脱怯弱和畏惧，即使最幸运的人，也不免有懦弱胆小、畏缩不前的心理状态。但是，正如一枚硬币有正反两面，技术性地怯弱作为一种心理术却是一种攻心的良策。技术性怯弱的实施者往往用顺从和服软的外在表现缓解对方的愤怒，抑制其攻击性行为；又或者通过抬高对方的地位，彰显他人的权威，用诱导的方式达成我方的目标，但具体要怎么做呢？

怯弱有时很有用

愤怒值

这次就算了。

对不起，是我的不对。

1.顺从、服软来使对方消气。

谢谢！

地位抬高

在您的带领下，我们取得了辉煌的成绩。

地位降低

谈判

2.抬高对方的地位。

! 手把手教你如何实施 技术性怯弱

《沃顿商学院最受欢迎的谈判课》一书的作者，是世界一流的谈判专家斯图尔特·戴蒙德（Stuart Diamond），其曾经分享过一个亲身经历。一次，他由于未系安全带而被交警拦下。当停稳车后，戴蒙德教授立刻做出服从的姿态，一边做出道歉的手势，一边说了下面这段话：

"尊敬的警察先生，我实在要感谢您。如果不是您的及时提醒和制止，我妻子的丈夫，我孩子的父亲就可能陷入极大的危险之中。"警察原本已经准备了罚单，但眼看戴蒙德教授表现出如此怯弱的神态，讲得又那么谦卑，反而摆摆手，示意他离开。

实际上，人心都是肉长的。在必要的时候，用身体语言表现和利用这种技术性怯弱，以服从的姿态身体前倾，低下脑袋，双手抱胸，或者微微以单手略弯，做出敬礼的手势以表示出自己的怯弱，是向他人"示弱"且想要获得对方信赖的信号。

这种技术性的怯弱往往可以用在向上司或权威人士服从认错的场合，也可以用来向暴怒的顾客服软，以及向生气中的恋人求饶等。

！技术性
怯弱操作要点

第一，在实际的操作中，技术性怯弱术最大的敌人是施术者自己。人们往往会由于过不了内心冲突这一关而用不好技术性怯弱，因此在施展这套心理术之前，务必要认识到所谓的技术性怯弱不是真正的性格软弱，而是一种不吃眼前亏的权益之计。要知道，韩信的胯下之辱和刘备佯装被打雷惊掉了筷子，无不是技术性怯弱的极致体现。因此，可以说，只有内心真正强大的人才能更好地实施技术性的怯弱。

第二，技术性怯弱术之所以被我们称之为一种心理术就意味着它的使用频次不能过高，尤其不能在同一个人面前反复使用。如此一来，策略变成了习惯，反而会让你的上司、恋人认为你是一个真正怯弱卑微的人。作为一种权益之策，在使用了技术性怯弱后，我们要设法解决问题背后的根本原因，不让类似的情景再次出现。通过格局的改变，来改变现实的情况。

技术性怯弱操作要点

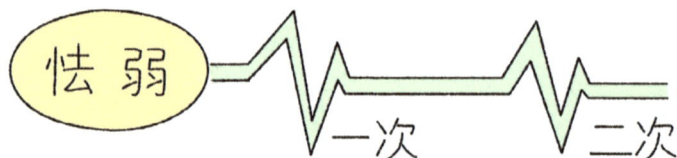

技术性怯弱 = 不吃眼前亏的计策

技术性怯弱 ≠ 真正的性格软弱

1.突破内心。

怯弱 一次 二次

2.使用频率不能过高。

一起讨论你感兴趣的话题吧！

我们的干货有些多，我们的干货有些猛。
当然还有更多的等着你。
营销心理学的知识远不止这些，还有很多有趣的心理学原理等你发现、
扫描左边二维码，更多精彩等着你。

第 2 章

隐藏于营销中的心理学

营销是一场心理战，针对的是越来越聪明的顾客。
一个成功的营销人员往往不是因为他聪明，
而是他精通营销中的心理学。
所以，本章节结合生动的例子，告诉你隐藏在营销中的心理学，
让你的营销之路更通顺。

三秒钟看清你的顾客

- 什么是顾客的三种分类？
- 如何只用三秒就看清一个客人的购买意愿？
- 怎样运用语言、微表情、视线三种线索？

！典型的三种顾客

作为一个以营销为事业的人，我们往往会有这样一种困惑，那就是如何通过观察看清我们的客户，识别哪些人才是我们真正的金主。

顾客一般分成三种，分别是：想买但不太主动的人；正在想并且犹豫不决的人；纯粹不买只是随便看看的人。这其中，我们最感兴趣的自然是前两种人。但在真实的营销场景中，这些人可谓少之又少。每100个顾客中，可能仅仅20个左右符合这两种描述。因此，快速和有效地识别出他们对我们来说至关重要。毕竟，时间就是金钱，唯有把80%的时间投入到这20%的真正有需求的金主身上，方可实现我们的最大化产出。

具体要怎么做呢？

! 三秒钟看清 你的顾客

对于这一小部分有需求的客人，我们往往能在他们身上找到三种有用的线索。

语言线索

他们的 **说话频次一般会比没有购买欲望的普通闲逛游客要多**，而且由于真心想买，所以在他们所说的话中"团购""打折""优惠"等关键词往往频频出现。还有些顾客已经打定主意购买产品，但他们却想着怎样从你这里谈到最实惠的价格。所以，这类客人通常会想方设法从我们的产品中挑毛病甚至夸奖其他的品牌，明示或暗示他人的价格更低。但不要以为这是刻薄的表现，看到这种情况出现，你反而应该暗暗高兴。另一些表现，诸如对产品的细节反复斟酌，对产品的售后条件或保修保质期提出询问，对送货或付款方式表示疑问等都是客人真正感兴趣的体现。

牢牢地把握住以上这些客人，你的营销成功率自然大幅提高。

微表情线索

有些顾客不爱说话，但他们的身体却往往会出卖他们的内心[6]。率先透露客人对产品感兴趣的是他们脚尖的指向。当对方嘴上说价格太高，你不愿意降价就要离开。但倘若他的脚尖却依旧指向你或你的商品时，你就可以大大放心。这说明对方只是做出议价的策略，你只需要稍稍坚持一下，或者略微降低一些折扣，给对方一个台阶下，这位客人就会乖乖买下他心仪的商品。而有些顾客一开始可能是一副生人勿近的表情，但一旦他看到一件自己喜欢的商品时，手部的动作就会增加，他原本抱胸的双手往往会松开，转而仔细观察甚至用手去触摸这些产品。此时，你再适时地做进一步的介绍，成单的概率也将大幅度增加。

怎样看清你的顾客

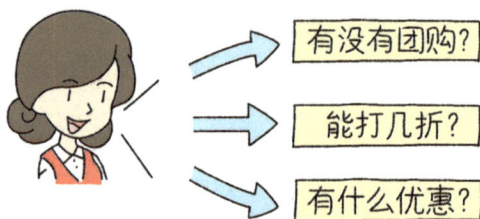

有没有团购？

能打几折？

有什么优惠？

1.语言。

2.微表情。

3.视线。

视线线索

不但眼睛是心灵的窗户，眼睛的视线还是让你洞察先机的线索。据统计，<mark>当一位顾客对你的商品产生真实的兴趣时，目光聚焦在某件特定产品上的时间会明显增长</mark>。在与客人的对话过程中，如果你发现他的眼神慵懒而失焦，不愿意与你做过多目光上的接触，那么你也不必在对方的身上花费太多的口舌。而倘若顾客的眼神放松而真诚，那么他很大概率已经做好了购买的准备。此时，你只需移步到他的身边，安静而微笑地站在对方的身旁，客户说不定就会询问你商品的详情。如此一来，既自然又能让你们达成交易。

END WORDS

结语

● 一位顾客，从走进店的一那刻就从上到下释放着自己所有的信号。通过语言线索、微表情线索和视线线索，你就能轻易地看清你的顾客，从而让你用最小的付出获得最大的回报。

02 什么样的站姿最有效

- 销售人员在销售过程中扮演着怎样的角色?
- 什么是欢迎顾客最有效的站姿?
- 什么是商品导购最有效的站姿呢?

！成为客户愿意走的那座桥

在具体的销售过程中,客户往往对产品的了解是不足的,而销售人员就起到一个桥梁的作用。销售人员通过预估和了解客人的痛点和需求,并给出中肯的意见,推荐合适的产品,从而既满足了客户,又实现了订单,进而促成一种双赢的局面。

曾经有一位年轻的销售,客户原本已经表露了购买的意愿。然而,他并不注意自己的站姿,双手抱胸,右脚不停点地,一副不耐烦的样子,客户怎么可能不被吓走?

因此,本篇将重点为你讲讲,什么是销售场景中最有效的站姿?

最有效的站姿
——欢迎

当顾客进入你的店铺后，你可以面带笑容，微微点头，双脚呈丁字步摆开，双手交叉握于腹部，从而体现积极的精神面貌和专业的形象。但在客户没有表露出需要购买商品时，不可简单粗暴地上前推销或从眼神中给对方以压力。因为这会造成客人的心理负担，甚至把一些客人逼出你的店铺。这时，你可以稍稍地移步到店内其他地方，给顾客以足够的心理距离可以有效增加对方浏览店内商品的数量，增加其找到感兴趣商品的概率。与此同时，用你眼睛的余光观察客人在哪里驻足较久，预估他可能对哪件产品感兴趣。

站姿解密：什么叫给顾客以足够的心理距离？根据美国人类学家霍尔博士的研究，任何人需要在自己的周围有一个自己能够把控的空间，一般随着国家和地区、成长环境、个性的不同会略有差异，但通常分成四个距离区间。

（1）亲密距离（intimate distance）：0~50cm，通常出现在夫妻、亲子之间。

（2）私人距离（personal distance）：50cm~120cm，往往体现在朋友、熟人、亲戚之间。

（3）社交距离（social distance）：120cm~320cm，同事之间往往处于社交距离。

（4）公众距离（public distance）：>320cm，用于公共场合等一般场合。

如果客人在一进门时，你就站立在他三米以内的距离，那多数顾客会立刻感觉到不适甚至立马选择离开。

最有效的站姿
——导购

有购买意向的客人在简单地光顾店内的商品后会主动向你询问某些具体商品的详细信息。此时，你可以走近她的身边，进入社交距离，微微将身体倾向于顾客，同时预估客人的心境，与客户有共鸣地来做导购。

最有效的站姿

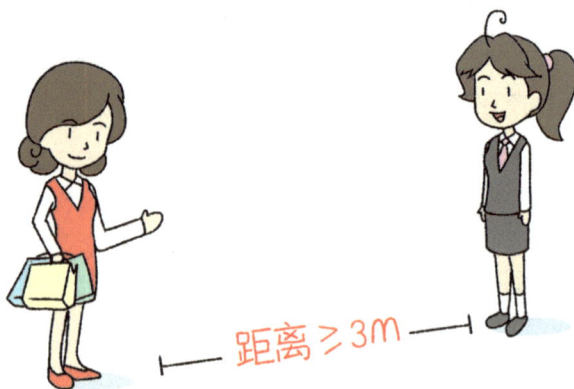

距离≥3m

1.欢迎的站姿。

XX商城

2.交流的站姿。

比如，当一位身着职业服装的女性顾客询问一件10岁左右男童的服装时，你就可以面带微笑地说："做妈妈又要上班又要照顾孩子一定很累吧，我养的也是男孩，有这种体会。这件衣服品质不错，而且耐脏，的确比较适合男孩子穿去上学，有卡其色和褐色两种，而且第二件半价。"搭话时，要尽可能地以并排方式站立并与之互动。

站姿解密：为何要并排站立呢？答案是这么做从心理学的角度来说至少有四个优点。

（1）不需要眼神交互，不易产生对立的情绪。

（2）可以利用眼睛的余光观察对方的眼神，肢体语言，以得知她的兴趣点以及对哪句话更感兴趣。

（3）并排站立能比较快地有一种朋友的感觉，让顾客觉得你也站在她的立场在为她挑选商品。

（4）有效增加彼此的认同感。

当顾客对你有了认同感认同了你，那其就更愿意买你的商品了。

END WORDS

结语

● 销售是一种综合实力的体现，商品本身的设计、售价、包装与宣传固然都是重要的组成部分，而销售人员本身的站姿也是木桶里的一根木板，决定着商品是否能卖出去。学会了以上最有效的站姿，希望你能在今后的营销过程中学以致用，巧用这些心理学的技巧达成顾客下订单的目标。

让顾客不吃亏的秘密

- 为什么说人们在面对风险时是非理性的？
- 为什么是前景理论？
- 某电商超市翻牌游戏和"再来一瓶"蕴含着怎样的营销心理技巧？

！一个著名而有趣的题目

心理学家曾经设计过一套著名而有趣的题目，让人们根据自己的第一感觉做选择，其中的第一题为下面两个选项。

A：100％给你100元。

B：80％的概率给你130元，20％的概率你会一无所获。

一般情况下，非风险爱好者会选择A。

让我们再来看第二道选择题，选项如下。

A：100％损失100元。

B：20％的可能一分钱都不会损失，但80％的可能要损失130元。

这时，非风险爱好者会选择B。

不错，在那次大型的心理测试中，绝大多数人的选择和上述非风险爱好者的选择是一样的。其实，略知概率学知识的人可以从"期望值"这个概念中找到真相，从而通过科学的解释找到两个选项到底哪个更优。

所谓"期望值"，是指一个人对某目标能够实现的概率估计。举例来说，一个人有20%的可能性得到5万元和50%的可能性得到2万元的期望值是一样的，因为20%×50 000＝10 000＝50%×20 000。

理解了期望值的概念，再回到这个有趣的心理选择题，我们就能轻易地洞悉，无论是第一题还是第二题，选项B中的期望值都是80%×130元＝104元，大于选项A中的100元。但正因为人类并非完全理性，存在认知偏差，因此才会偏向于做出与理性完全相反的决策。

以上认知偏差的心理学效应被概括为"前景理论"（Prospect Theory），是由以色列心理学家丹尼尔·卡尼曼（Daniel Kahneman）首先提出的。

！利用"损失厌恶"
做好营销工作

那么，这项得过诺贝尔奖的心理学效应又能如何帮助我们做好营销工作呢？在前景理论的解释中，存在一种叫作"损失厌恶"的分论点。它所描述的特点是指人性对风险偏好的不一致性，即面对收益时，人们表现为风险厌恶，面对损失时，人们则表现为风险追求。为了让大家能更好的理解，我们来看看以下这些典型的具体运用案例。

某电商超市翻牌游戏

凡是在某电商超市购买过商品的用户都有这样的一个经验，那就是每次确认收货后，某电商超市都会给你一次翻牌的机会，每次可以在9张牌中翻取3张，有些可以以1~4折的价格购买原价货物，有些甚至只要出资0.01元，就能买下原本价格大约在8元~16元的商品。但翻到牌的商品必须在6小时内下单并付款，否则就会失效。而根据某电商超市不满88元就要支付20元快递费的规则，顾客往往会用最短的时间找好超过88元的商品，从而获取翻牌游戏翻到的超低价商品。

厌恶损失

面对收益时   风险厌恶

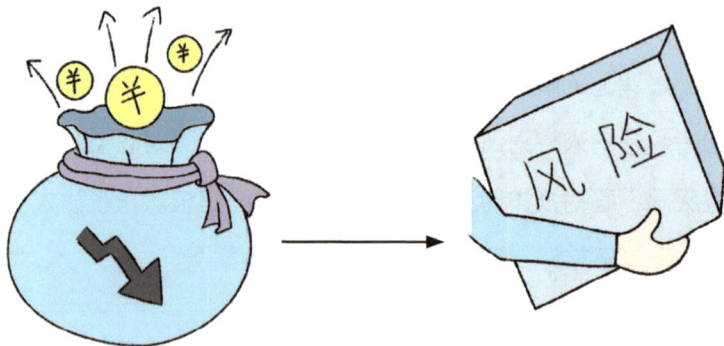

面对损失时   追求风险

你所不知道的营销心理技巧：此案例中，首先把几个超低价商品通过翻牌放进你的账户，让你认为这已经是属于你的福利了；然后再用6小时的限制暗示你，不买88元的商品，你就会蒙受损失。这时，我们已经处于一种认为自己马上就要亏损的状态，会很不甘心，所以为了确保自己千万不要丢失这些福利，宁愿花费88元以上的金额，购买一些非必要的商品，也要完成下单的动作，进而确保自己得到它们。

每次确认收货，每次都能得到一次翻牌，意味着我们将定期为某电商超市贡献一次超过88元的销售额。这种高频的"刚性需求"通过心理技巧被充分地挖掘，怎么能让网站不赢利？

"再来一瓶"促销游戏

"再来一瓶"是一种屡试不爽的营销技巧，消费者虽然明知道中奖概率只有1/6（瓶身上公布的活动解释），但在选择瓶装饮料时，往往会由于考虑到存在"再来一瓶"的可能，从而放弃那些原本想喝的饮料，转而去拿那些有"再来一瓶"游戏活动的品牌和品类。

你所不知道的营销心理学：面对不确定性，面对5/6的概率得不到第二瓶饮料，1/6的概率能再来一瓶，前景理论再次发挥威力，让人们不由自主地和第二道选择题一般，选择风险追求。

市场营销中存在两个概念，他们分别是市场规模和市场份额。前者是指市场这个蛋糕到底有多大，后者则指你的产品能获得多大一块蛋糕。"再来一瓶"的促销游戏虽然无法使整块蛋糕变大，但无疑是一种抢占市场份额，获取更大蛋糕的一种营销心理技巧。

厌恶损失的运用

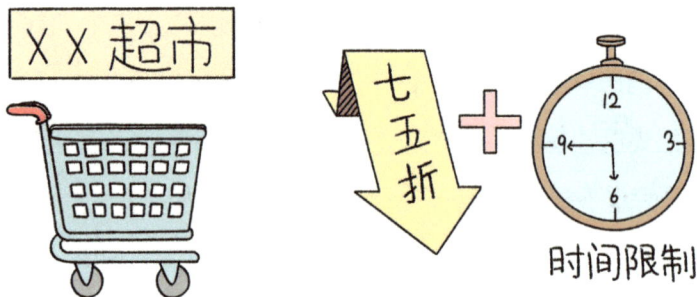

1.超市限时折扣（风险厌恶）。

无活动

再来一瓶

2.再来一瓶（风险追求）。

END WORDS

结语

●他山之石，可以攻玉。作为营销者，我们可以通过学习别人的成功案例，在营销和推广自己的产品时，应充分考虑正反运用前景理论的可能，并以此作为参考，开展和策划类似的营销活动，让我们的目标客户在"不吃亏"甚至得益的过程中贡献销售额。

04

不要兜售你的产品

- 为什么说不要兜售你的产品？
- 有经验的销售经理是怎么成单的？
- 什么是互惠原理？

！营销人员的困惑

战斗在营销第一线的小伙伴往往有一个困惑：我已经把产品的基本信息和特色向客户展示得淋漓尽致了，可客人为什么仍旧没有购买产品的意愿，甚至有些顾客还会对自己产生反感甚至厌恶的情绪。

对每一个客户来说，你对他们是一个陌生人。面对一个陌生人，每个人都会有一道心理的防御。在突破这道心理防御之前，你成功兜售产品的概率是极低的。那么，我们要如何跨越这道天然的鸿沟，从而使客户相信、信任我们，进而实现我们的销售目标呢？

！案例：成单的方法

某一线城市商业街的一家品牌化妆品专柜总是完不成月度销售任务，营销经理亲临专柜，手把手指导一线销售人员的一段经历十分值得借鉴。

这天下午，一名年轻女性顾客，手提该品牌购物袋来到该柜台。销售经理与她进行了如下对话。

销售经理报以一个友善的微笑："我注意到您好像买了一些xx？"

"对，是在隔壁商场买的"对方回答。

销售经理继续说："能让我看看吗？或许可以告诉您一些方法，让您更好地使用。"

对方把产品给了销售经理，经理夸赞了她的选择，并传授了一些使用技巧。

经理用不经意地口吻询问："保湿、祛痘的都有，好像还缺少一款护肤的，我这里正好有一支小样，送给你，值58元呐。"

接着一边笑着一边将小样从柜台里取出，递给年轻女孩。

女顾客接过小样，很开心，看了一会儿，问："你们这里有没有美白精华？"

销售经理挑了最贵的一支美白精华给她，一边在她的手部试样，一边介绍了这款产品的特点。没多久，年轻女孩露出满意的神情，一个订单就这样完成了。

！用放大镜看清楚
销售经理的招数

从上述案例中你抓到什么重点了吗？我来为你梳理一下。

有效识别目标客户

柜台出售，看的人多，买的人少。手提该品牌的购物袋说明其本身就对品牌认同。这样的客户沟通方便，是极佳的目标客户。

运用亲善的首发说话的技巧

普通的"欢迎光临xxx"没有营养，"请随便挑选"或者"您需要些什么"更是容易激起顾客防御的心理，但一句"我注意到您好像买了一些xx"不但亲切自然，更用最短的言语把打招呼立刻联系到商品本身，让客人在不讨厌自己的情况下与对方展开互动。

销售经理的招数

1.目标客户。

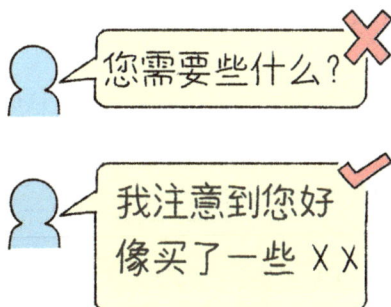

2.亲善的说话技巧。

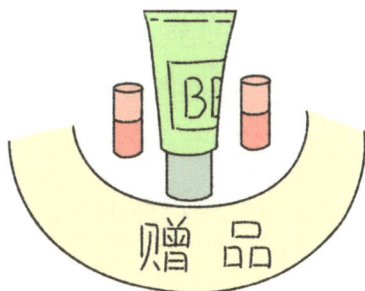

3.给予和再给予。

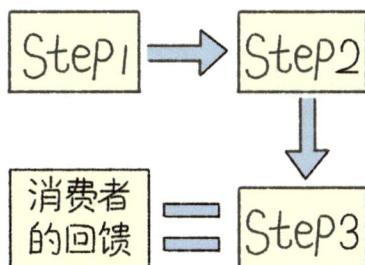

4.等待回馈。

给予和再给予

给予分为两种，一种是免费的给予，另一种是低成本给予。在案例中，销售经理不但给出了专业的使用技巧（免费的给予），还赠送了对方正好缺少的护肤小样（低成本的给予）。正因如此，激起了对方想要回报自己的心理。

等待回馈

在了解了顾客的需求和种下互惠的种子之后，挑选一支对方能承受其价格的产品，从而成单，完成"猎头行动"。

! 互惠原理的
威力

以上四步，每一步都很有技巧，而其中的第三点即给予和再给予是重中之重。在人类固有的心理特质中，人们总会尽量以相同的方式回报别人为自己所做的一切。这是因为一个小小的人情所造成的负债感往往会导致人们用一种合适的方式报以一个相同甚至大出许多的回报。心理学家把这种情形称之为"互惠原理"。在案例中，深谙人性的销售经理所给予的专业指导本来就已经造成了年轻姑娘一定的"负债感"，而经理又把一支"价值58元"、对方有需求的小样免费赠送给她。就算年轻女孩理性上理解"号称58元"并非真的就值58元，但情感因素已经造成了负债感。为了立刻释放这种负债的感觉，这位年轻的顾客，必然会大概率在经济能力能够承受的情况下报答自己。这就是互惠原理的威力。

互惠原理

⚠ 人们总会尽量以相同的方式回报别人为自己所做的一切。

END WORDS

结语

●产品虽然是用来卖的，但售卖方式的不同将极大地影响出售的效率。与其兜售和推销你的产品，不妨设法用闲聊或给客人建议的方式放下她的心理防御。你真心地为客人付出，给予客人她们想要的东西必然能激起对方心中的善意，然后安静和耐心地等待互惠原理发挥威力，成单只是最后的结果而已。

05 用故事
感动消费者

- 为什么一颗碳分子所构成的小石头可以卖大价钱？
- 好产品加一个好故事意味着什么？
- 什么是营销故事三步走？

！ 一个经典的
故事

"钻石恒久远，一颗永留传"这句广告语你可能已经听过不下千百回。然而，你可能不知道，在这句广告语流行之前，人们结婚送的是花，而不是价格高昂的钻石。为什么这种由碳分子所构成的小石头可以卖到那么高昂的价格，甚至让有些女性疯狂到没有钻石就不结婚的地步？

这就是营销故事的力量！在这个故事中，钻石的营销商通过钻石坚硬的特点与爱情的忠贞不渝做类比，成功"教育"了一代又一代的消费者，让赠送钻石戒指成为了几乎所有人求婚乃至结婚的必备，形成了一种社会的共识，已经成为了营销界最成功的案例之一。

！好产品+好故事
！=顾客满意度+忠诚度

为什么故事在销售的过程中会起到如此重要的作用呢？日本著名的商界鬼才铃木敏文（7-11创始人兼首席执行官）曾说过一句金句：当代的消费已经完全从经济学领域进入了心理学领域。当一个好的产品用一个美好的故事包装后，顾客购买到的就不仅仅是物质层面的满足，而更是上升为精神层面的一份期望，一种体验甚至一个梦想。

在无数成功的营销案例中，我们往往能看到故事的身影。==一个好的故事，能迅速抓住消费者的眼球，让他们把注意力放到我们的产品之上，而且通过故事的渲染，让读故事的人产生一定的共鸣或认同==。这个故事就能极大地推动客户主动地询问和购买我们的产品，即通过用户心理的代入感，提升顾客的参与度和满意度，使客户一想到某种需求时第一个就想到你的产品。这种客户忠诚度的提升，不正是我们所有营销人想要的结果吗？

！故事营销的
！两种方法

既然一个好故事在营销过程中如此重要，具体该怎么操作呢？一共有两种方法。

方法一：从经营过程中挖掘故事

每个品牌从创立到持续经营的过程中都会经历各种事情，而其中的一些事件能体现品牌的价值观，从而获得顾客的认同。比如，讲到海尔，我们就能联想到质量。这和张瑞敏当年砸掉76台冰箱的故事就有极强的联系。

20世纪80年代，冰箱是奢侈品，一台高达800元人民币，相当于一个普通工人两年的收入。面对库房里的76台有质量缺陷的冰箱，车间里的有些工人提出不影响使用，可以折价卖给员工。而张瑞敏说："我要是今天允许出售这76台冰箱，就等于允许你们明天再生产760台这样的冰箱"。说完，不但宣布要把这76台冰箱统统砸掉，而且还抡起第一锤！尽管很多职工留下了眼泪，但张瑞敏依旧告诉大家——有缺陷的产

故事营销的两种方法

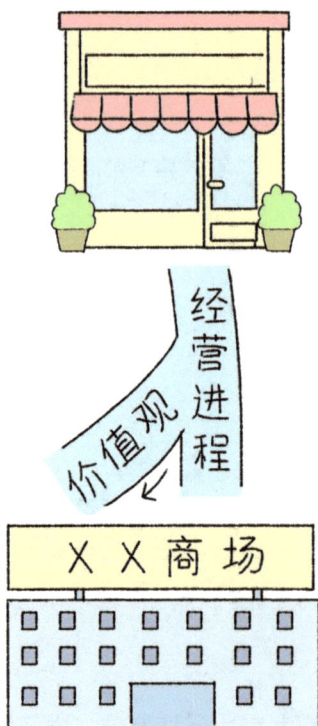

1.从经营过程中挖掘故事。　　2.从历史中寻找。

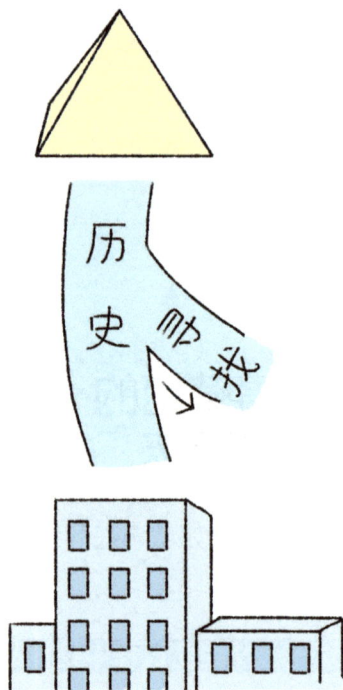

品就是废品！短短的一个故事，可比海尔荣获国家质量金奖这种干巴巴的介绍更能打动人。

方法二：从历史中寻找故事

依云矿泉水可能你并不陌生，但你是否知道其卖到20元一瓶的高价却依旧畅销的原因？不错，这还是故事营销的功劳。

依云（Evian）的水源自法国的依云镇，但依云镇不是一个普通的法国乡村小镇，这里的水曾经治愈过法国大革命时期的法国贵族。1789年的夏天，雷瑟侯爵（Marquisde Lessert）罹患肾结石，长期受到病痛的折磨。一次，他在偶然间获取了源自依云镇（当时还不叫这个名字）的泉水。一段时间的饮用后，雷瑟侯爵发现自己的疾病竟然奇迹般地痊愈了。这个消息不胫而走，人们涌入依云镇，亲自体验这神奇的泉水，甚至后来的拿破仑三世（路易·拿破仑·波拿巴）和他的皇后也对依云镇的泉水情有独钟。1864年，拿破仑三世赐名该镇为依云镇。14年后，依云水的理疗效果得到了法国医药研究会的认可。

在这个由贵族和法国第二共和国总统故事的加持下，如同贵族般的依云矿泉水不仅是身份和品味的象征，更是至今在全球畅销。

! END WORDS

结语

● 消费升级的年代，物资已经越来越不缺乏。要想把商品成功地销售给你的客户早已不是一个经济学的命题。心理学作为连接人与人情感本能的一门学科，在我们的营销中起到越来越重要的作用。而用好上述两种方法，做好故事营销，让顾客产生认同，则是一种让你迅速打开产品市场的不二法门。

06 产品大卖的选择暗示

- 婚宴的套餐中隐藏着什么秘密？
- 什么是对比效应？
- 对比效应营销心理技巧有哪些具体的用法？

！婚宴套餐中隐藏的营销秘密

每逢五一、十一长假都是婚宴的繁忙时期，如果你留意过酒楼的价目表，你会发现一个十分有趣的现象，他们的套餐往往分成五档或三档，比如，以下为三档套餐。

套餐A：5 888元

套餐B：3 888元

套餐C：2 888元

如果你是顾客，你会选择几号套餐？倘若你选择套餐B的话，你就和其他许多人一样。而店家往往也是根据套餐B准备食材的，因为这个套餐正是店长最想卖的那个。而假如店长转而想要主打套餐C，他又会怎么做？答案是去掉5 888元的那种。

事实上，看起来选择何种套餐是我们作为消费者自由意志的选择。但你所不知道的是，人们往往会落入所谓对比效应的心理现象中。商家想让你买哪个，他就会通过这种暗示的办法让你乖乖走进他事先布置好的营销策略中去。

！你必须懂得的
对比效应

所谓"对比效应"（Contrast Effect），就是同一个刺激在不同的背景下，对人类大脑产生的一种感觉的差异。比如，你是一个新加入公司的职员，为了能让上司看到自己的成绩，你每天最早到达办公室，最晚离开。而且只要有新任务出现，你都会以最积极的态度争取和完成这些任务。一年过去了，你的老板加了你1 000元工资。当你看到工资单

对比效应

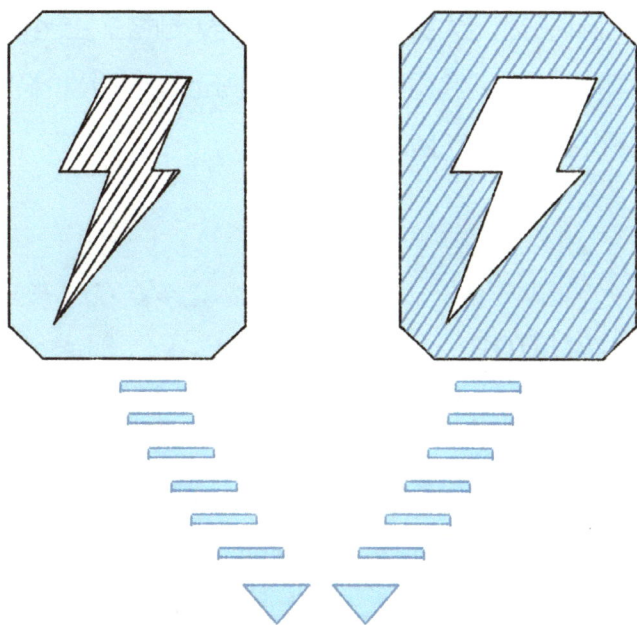

● 图一的闪电要比图二的闪电看起来要窄一些。

时，你非常开心，觉得自己的勤奋和努力受到了上司的认可。然而，你无意间了解到，平时办事情最拖拉，工作态度最差的John也加了800元，你开始有些没那么高兴了；后来你又得知经常迟到、早退的Timmy和你涨薪一样多，这让你非常生气；而最让你受不了的是，那个平时在办公室什么事情都不肯做，只会撒娇的Ebby居然加薪数额高达2 000元。此时，两个字开始在你心头萌生："离职"。不变的事实——工资加了1 000元，变化的只是背景，但人们的感受变化就会那么大。

所以，<mark>感觉往往是不准确的，其会受到环境的极大影响</mark>。在婚宴套餐的案例中，正是由于套餐A和套餐C的价格显示在一旁，才会让人们感觉套餐B的价格是最合适的。这就是营销心理学中价格制定的6:4:3法则，即当价格的制定大致符合这个比例时，顾客就会想买中间的这一个。作为营销从业者，我们往往可以设置好上、下对比价格，再将最想卖出的商品设在这个价位上。

！对比效应的进阶使用

进阶使用法一：用价高的"劣品"衬托良品

假设你想出售的是一套价格为2 999元的床上用品四件套，你会怎么做？没有学习过营销心理学——对比效应心理技巧的商家可能只是简单的写上原价6 000元，惊爆价2 999元。但这种套路早就已经被消费者识破，甚至会给人一种你的品牌价格虚高的厌恶感。聪明的做法就是找一套品质明显差很多，图案也难看的四件套放在它的旁边，标价3 999元。

你的目标可不是为了真卖这套"劣质商品"，而是形成一种对比，让顾客觉得你的目标出售的商品价格又亲民，质量也上乘。这种巧用暗示的营销心理技巧将为你俘获客人的心。

进阶使用法二：用明显不合理的价格衬托目标商品

如果你的商品中既有实体产品，又有虚拟产品，那么这种进阶使用方法就会很适合你。标价方法如下。

对比效应的使用

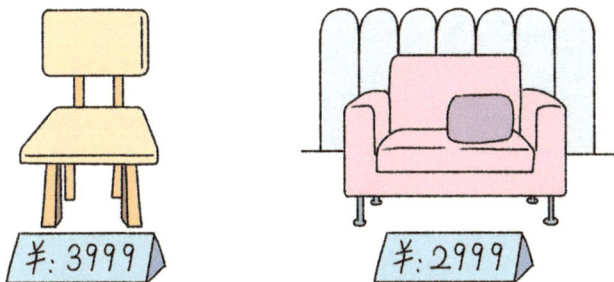

1.用价高的"劣品"衬托良品。

2.用明显不合理的价格衬托目标商品。

实体产品：300元

虚拟产品：120元

实体+虚拟产品：300元

绝大多数消费者一看既然"实体+虚拟"产品的价格和实体产品一致，就会毫不犹豫地选择"实体+虚拟"的组合。在深刻理解"对比效应"心理技巧之前，一家企业很实诚地售卖，方案如下。

实体产品：300元

虚拟产品：120元

几乎7成以上的客户都选择了虚拟产品。而使用了这种心理学技巧之后，选择"实体+虚拟"产品者竟然变成了7成。不要小看180元的差距，一年下来的销售差额绝对不容小觑。

END WORDS

结语

● "对比效应"可以说是营销心理学中中级难度的心理技巧。一旦采用这种定价方法，作为商家，你不但能极大地影响消费者的购买意向，成倍地提高销售额，还可以根据目标计划很好地管理自己的供应链，从而真正实现"计划赶得上变化"，用有效的计划进一步地降低企业的采购和生产成本，进而扩大企业的利润。

07

感性比理性更容易被动摇

- 营销实践中到底是感性诉求强还是理性诉求效果好？
- 为什么说人类不是理性人？
- 身高认知会随着着社会印象发生变化吗？

！感性VS理性
！谁更重要

在具体的营销活动中，有两种做法曾受到业界的广泛争论，那就是：广告作为一种说服消费者的实践，到底是感性诉求效果更好，还是理性诉求能取得更高的效益。理性派认为，人类有别于动物的原因正是在于理性的思维和判断。因此，如果想要在广告上宣传产品的优势，必然应该以说理为佳。然而，人类真的是纯粹理性的动物吗？

！人类的感性比
！理性更容易受到动摇

2002年度诺贝尔经济学奖的得主弗农·诺马克斯·史密斯（Vernon Lomax Smith）曾设计过一个著名的分钱实验。实验要求受试者两人一组，由其中一人提出分配100美元的方案，另一人可以选择同意或不同意，如果方案被否决，则两人都无法拿到一分钱。如果你是分钱方，你会怎么分呢？理性人的做法是将99元分配给自己，留1美元分给对方，因为对方如果否决，他将一分钱都拿不到。然而，这一方案会被绝大多数人否决，因为为了惩罚贪婪的方案制定者，有否决权的一方宁可一分钱也不要，也要出一口恶气；而方案通过率最高的则是50:50对半开。

从这个例子中，我们很容易看出，在做决策时，大多数人类的感性成分往往会压过理性，成为大脑中真正的决策者。

不信再给你看一个有趣的案例。

！认知印象与身高感知互为影响

众所周知，一个人的身高在成年后基本定型。拿破仑的身高150~168cm，丘吉尔的身高为160cm~165cm。你可能会觉得很奇怪，为什么这些人物的身高是一个约数，是一个数据区间呢？而且这个数据区间会如此之大？

昆士兰大学的心理学教授保罗·威尔逊曾经做过一个非常有意思的实验。他向自己的学生介绍另一名学者，并请学生们估计这位学者的身高，而每次介绍时都会变换其社会地位。最后得到的平均数据如下。

学　生	172cm	讲　师	175cm
副教授	178cm	教　授	181cm

从数据来看，社会地位只要提高一点点，这位学者的身高就会"长高"3cm。感性虽然不靠谱，但显然，在对身高的感知上，它明显凌驾于理性。回到拿破仑、丘吉尔等人身高为什么是一个区间值的问题上。因为每个人对他们的认知感不同，人们对他们所作出的身高预测自然也

不尽相同。而拿破仑这位历史人物的争议无疑最大，无怪乎他的身高区间范围要相差18cm。与此同时，身高又会反过来决定人们的认知印象，换句话说，身高越高的人社会机会也会越多。

美国财富500强的CEO中，50%以上的人都超过183cm；而根据佛罗里达大学的研究报告，身高每高1cm，每年可多赚263美元；美国历任总统75%以上都高于180cm；甚至在1988年老布什与竞争对手杜卡基选举辩论中，身高188cm且深谙心理学的老布什还不忘延长与对手的

认知印象与身高感知互为影响

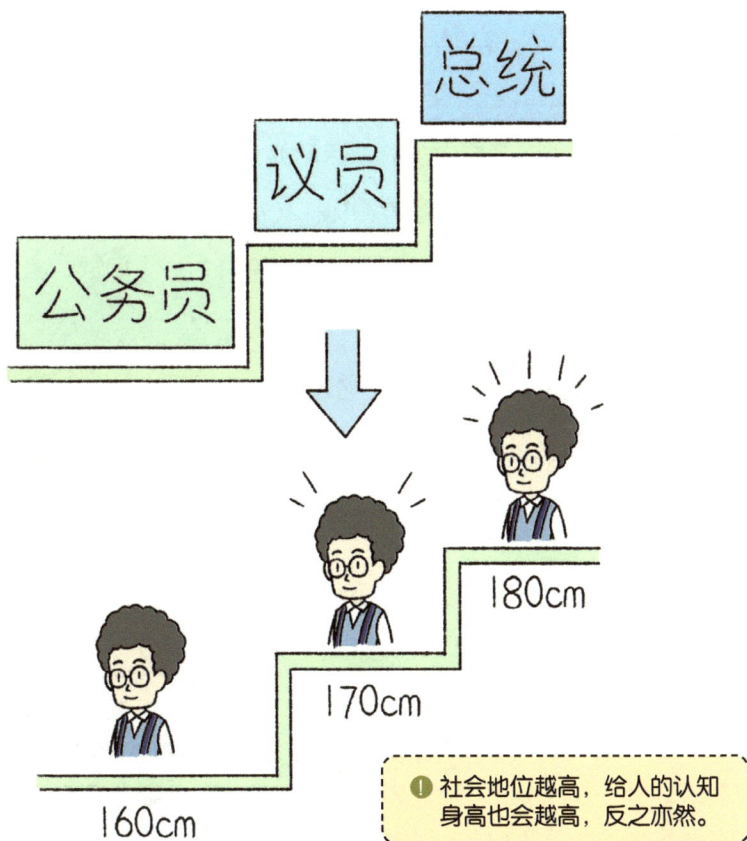

总统

议员

公务员

180cm

170cm

160cm

❶ 社会地位越高，给人的认知身高也会越高，反之亦然。

握手时间，来让全美人民看清谁比较高，从而更好地营销自己。从历史的统计表明，在一场总统角逐中，谁身高越高，做总统的概率就越高。感性诉求又一次碾压理性诉求。

！那些年
我们追过的广告语

回过头来看营销的核心——广告语，下面令你印象深刻的有哪些？

（1）滴滴香浓，意犹未尽。（味觉）

（2）牛奶香浓，丝般感受。（嗅觉、从触觉）

（3）只溶在口，不容在手。（味觉）

（4）某某山泉，有点甜。（味觉）

（5）某某方便面，好吃看得见。（视觉）

（6）给电脑一颗奔腾的芯，"等灯等灯"。（视觉。请注意，还包括听觉刺激）

看到这些文字，能否令你回忆起广告的画面？而以上这些令人记忆犹新的广告，正是以非常直观的感官刺激，以感性诉求为依托，为后人留下了津津乐道的营销传奇。

END WORDS

结语

● 事实证明，理性人只是一种理想化的境地，真实的人类是极容易受到感性影响的动物，而营销心理学所研究的正是如何运用心理学理论来指导我们通过一定的技巧和方法来说服我们的顾客，从而实现我们推销产品、推销自己的目标。

08

购买是一种假想

- 买书的速度为什么比读书的速度快?
- 为什么说购买是一种假想?
- 营销的三个切入点是什么?

！ 你买的其实不是书

你喜欢书吗?那么你的书架上有多少书?为什么很多书还没有读完却仍旧在不断买回更多的书?是否曾对自己的这一行为觉得很怪异……其实,大部分人买书的真正需求是为了想要拥有文艺、智慧的气质,而不仅仅是想看书的内容。

购买,作为现代社会的一项重要活动,更多的已经并非购买物品本身了。如今,人们买商品更多的是为了买一种憧憬,一种愿望。因此,作为营销心理学的学习者,我们要通过充分挖掘消费者的真正需求,来设计我们的营销方式,从而迅速提升我们产品的销路。除了卖给消费者文艺和智慧气质、憧憬和愿望,具体还能从哪些方面着手呢?下面就为你介绍三个主要的切入点,供你参考。

！营销的三个切入点

第一点：卖回忆

有一段时间，青春爱情类的电影是市场的宠儿。这些电影基本都有一个校园的背景，讲述两人甚至三到四人互相之间纠缠的感情羁绊。为什么这类影片会有如此不错的票房呢？经过分析，喜爱这类电影的观众以"70后""80后"居多，这些人不但早已离开校园，且具备较强的消费能力。而他们通过观看该类影片，可以触动早已埋藏在心底的那份青涩回忆。电影的编剧和导演也早已精准定位到这些年龄段的受众，其中充斥着目标群体熟悉和喜爱的流行歌曲，以及当年的新闻事件。如此一来，观众怎么会不喜欢，影片当然想要不卖座都难。

不过值得注意的是，与一般的消费类产品类似，卖回忆也同样存在边际收益递减（即饥饿时，吃第一个馒头的效用最高，第二个次之，其后逐渐递减的一种经济学效应）的问题。在一段时间市场充满同类产品时，回忆的沟壑已被填满。此时，作为商家不妨切换新的着手点来设计产品，方能取得较佳的预期效果。

第二点：卖希望

随着二胎政策的开放，越来越多的幼儿早教产品映入家长们的眼帘。其中一些运营得特别成功的机构，在他们的宣传和实际的运营中，无不充满"卖希望"的暗示。

比如，一些以少儿英语为主要授课内容的办学机构，总会在推广材料中印上之前在本机构学习的小朋友，有多少成功面试进入了著名的私立小学；又如，不少儿童玩具动手班的宣传海报中会有小学员参加国际比赛的场景；甚至有一些教天文、地理、物理、数学知识的儿童机构干脆以某某青少年MBA命名。这些以润物细无声为目的的手法，让家长们感觉自己的孩子在此环境学习和熏陶中，必将收获良多，能让他们赢在起跑线上。在此猛烈的"希望攻势"之下，孩子的父母自然趋之若鹜，纷纷报名。

营销的三个切入点

1.卖回忆

  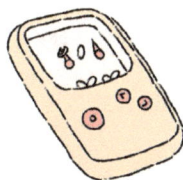

2.卖希望   3、卖概念

能美白肌肤

能健壮身体

能变聪明

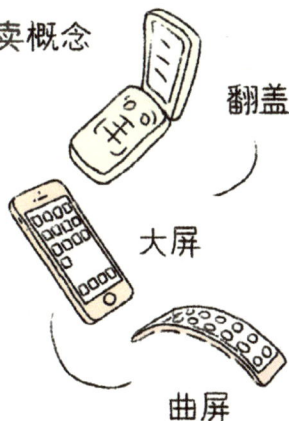
翻盖

大屏

曲屏

　其实，作为大学本科甚至研究生毕业的过来人，家长们理智上何尝不知道"就算书读得再好，学习的知识再多，毕业生到了社会上，他们

凭借的不仅仅是一张好学校的文凭就能在社会的博弈中取得出类拔萃的成绩"。但正因为企业营销做的得当，给家长们一种憧憬的希望，再多的课，他们都愿意上，再贵的培训费他们也都愿意出。正如广告词所说：xxx，你值得拥有。

第三点：卖概念

卖概念做得最成功的非电子产品行业的一些明星企业莫属。当年大家都在使用高速芯片时，一个"双核"概念一出，消费者纷纷升级自己的硬件；而我们都认为自己的显示设备已经很不错了，"IPS屏幕，178度可视范围"问世，我们又觉得自己的屏幕也落伍了。之后涌现的"视网膜屏""智能语音助手""指纹解锁""全网通"等等，无不是让你抛弃手中已有的设备，这就是自动自发更新换代的"概念"式营销手段。

卖概念，可以说是一种教育消费者的技术手段，同时成功地说服受众：如果你缺乏这种概念的商品，你就落伍了，过着不如别人的生活。那么，消费者自然纷至沓来，产品的销量自然大幅提升，你的营销方案自然也大获成功。

END WORDS

结语

●购买是一种假想，你卖的不是商品本身，而是隐藏在商品背后，能满足这些真实内在需求的特点。通过营销心理学的学习，你应设法找到这些假想的本源，挖掘消费者真实的内在需求，然后根据这些特点调整产品设计，重构营销方案。这样你就可能实现产品的爆款，获得营销的成功。

09

移动互联时代的 "研讨会"

- 什么是移动互联时代的销售网红？
- 为什么说二流的营销 "赠品拉新"，一流的营销 "免费拉新"？
- 为什么要让参会的人自己分享痛点？

！移动互联时代的 销售 "网红"

商品丰富的今天，单一陈列卖货的转化率已经越来越低。营销者们苦苦思考，希望能找到一种能提高转化率的方法。而 "研讨会" 营销就是营销者们寻找到的移动互联时代效率极高的一种营销模式，它能够为我们找到最具精准需求的目标受众前来参会，在会议上了解和体验主办方的产品，然后我方再配之以一定的营销心理技巧，从而实现成交的销售 "网红"。

听起来是不是很厉害？那具体要怎么做呢？

！四步落实 "研讨会" 销售

第一步，锁定精准人群

这一步虽然简单但很关键，因为任何产品都需要找到其精准的用户画像，摸清这些用户的痛点。比如求职类视频教学产品的精准用户就是大学生以及职场新人，他们的痛点是简历不知怎么写，面试不知怎么答。找到他们，同时施以步骤二。

第二步，"免费拉新"

二流的营销"赠品拉新"（用赠品拉到新用户），一流的营销"免费拉新"，但这种免费又不是普通的直接给予免费参会，而是用以下方法实现零成本拉新，具体如下。

在众多微信活动工具中选取一种，设计好研讨会图文后在门票价格处做如下设置：

A.早鸟票：4.9元（寓意早起的鸟儿有虫吃），限10名。

B.普通票：9.9元，限量50名。

C.VIP票：29.9元（前排位置），限量20名。

D.志愿者：免费，限量10名。

其实你本来的目标可能就只是邀请20至30人，通过上述四种设置，年轻的大学生受众就会期望通过"劳动"来获得免费加入会议的资格，又会因为限量10名而抓紧报名。

这是什么原理呢？除了之前说过的对比效应，稀缺效应（Scarcity Effect）在这里发挥了极大的作用。正如俗话说："书非借不能读也"，稀缺效应就是消费心理学中"物以稀为贵"引起顾客消费提高的一种现象。不论是水果公司的饥饿式营销还是各种限量购买，都是稀缺效应在实际商业中应用的体现。

在活动邀约的过程中，通过对比，人们发现早鸟票和志愿者票是物美价廉的票种。由于限量，遏制了消费者拖延的情绪，从而激发有需要的这批人迅速下单，实现"免费"甚至还有些收益的邀约。

稀缺效应

第三步，体验并分享痛点

目标数量的人被邀请来之后，通过让他们体验我们的产品，然后分别邀请他们自己说说在求职的道路上遇到什么样的坎坷，通过今天的体验，你得到些什么收获，以这种方式让与会者轮流做分享。

为什么要这样设置活动的环节呢？因为这一轮分享相当于每个人自己解释了一遍我方产品可以如何契合目标受众自己的痛点。我们以前讲过，人有认知不协调的心理机制，即人的认知、行为、情感要一致才不会产生内心的冲突。通过分享，人们会在思想上认同我方产品；由于能解决自己的痛点问题，受众又会在情感上喜欢该产品；最后三因素里只剩下行为，行为应该怎么做才能避免认知的不协调呢？答案是:立即购买。

第四步，下单！下单！

铺垫工作都已经做好，下面就只差临门一脚，我们还要再给消费者一点动力。下面又是一记组合拳。

活动主办方宣布，今天大家的参与热情度非常高，所以我们决定，今天现场购买，原价328元的产品可以立减至299元购买。前10位购买者，还可以在此基础上再减20元！前11到20名可以减10元！

说完，就立刻有同学冲上前来购买，这又带动了更多的观望者购买，如此一来，一场活动短短2小时就可能产生5000元以上的销售收入。

亲爱的读者，你看到组合拳是怎么出的吗？现场立减这种手法是"损失敏感效应"的体现；前10名，前11到20名购买是"稀缺效应"的套路；率先购买是主办方安排的托，旨在通过"从众效应"（Conformity），也称乐队花车效应，是指当个体受到群体的影响（引导或施加的压力），会怀疑并改变自己的观点、判断和行为，朝着与群体大多数人一致的方向变化。）带动观望者放下最后的犹豫，做出购买的行动。

END WORDS

结语

● 从"研讨会"营销我们可以看到，销售场景只有结合好必要的心理学效应，我们的邀约才能变得更顺利，我们的销售转化才能变得有节奏和有效。移动互联时代的"研讨会"销售套路，你学会了吗？

10 企业与媒体的心理战

- 破解谣言时，怎样用幽默阐述逻辑？
- 为什么改变流程就能攻破谣言？
- 亲自验证有什么威力？

！打好心理战，你需要的危机营销技巧

在现实的生活中，媒体曝光无良企业，揭露某些公司为了压缩成本采用极其低劣的手段坑害消费者是一件令人拍手称快的好事。然而，总会有一部分媒体做过头，他们为了提升自身的知名度，往往会曝出未经考证或者证据有失偏颇的新闻，而一旦这种不实的材料公诸于众，同样会使该公司蒙受损失。

曾经就有某超市连锁店，被媒体揭露出售过期肉的"丑闻"，以致其销售量急剧下降。那么，作为企业中的营销人员，如何做好这种危急时刻的公关，怎样和媒体打一场漂亮的心理战呢？以下将为你解说几个比较有效的危机营销技巧。

三种技巧落实
谣言反击战

第一招：用幽默巧说逻辑

曾经有一段时间，麦当劳被不知名的小报谣传说：麦当劳汉堡包里的牛肉其实是用蚯蚓做的。一时间，人们觉得这个消息实在是劲爆异常，没过多久，几乎已经传遍了街头巷尾。而与此同时，麦当劳的销售额也受到了极大影响。

公关部的经理、总监们苍白无力的解释，义正言辞地否认根本毫无效果，如何反击这个毫无根据的谣言，高管们似乎一筹莫展。此时，时任首席执行官的雷·克洛克（Ray Kroc）却仅仅只用了一句幽默的语言就成功地瓦解了这场商业上的信誉危机：你们可能不知道，麦当劳其实负担不起蚯蚓的成本。牛肉是1.5美元／磅，蚯蚓则高达6美元／磅。如果有人说他们卖蚯蚓汉堡，你要小心他里面偷偷放了牛肉。结果，这句把逻辑一说就通透的幽默语立刻成为当年的热点话题，关于用蚯蚓做牛肉汉堡的谣言顷刻间不攻自破。

第二招：改变服务流程使谣言不攻自破

某知名连锁火锅店被曝为节约成本，反复使用食客吃完的火锅底料。这又是一件解释不清楚，但就算再如何辩驳也拿不出足够有力证据驳倒对方的难题。那么这家企业就只能眼睁睁地看着日益下滑的营业额手足无措吗？显然不是。管理层通过头脑风暴会议，从众多创意中总结出一套通过改变服务流程的谣言粉碎法，具体措施如下。

（1）改进前：客人点单后，由服务人员在厨房拆好火锅底料，放好水，端到顾客面前。

（2）改进后：客人点单后，服务人员把包装完好的火锅底料拿到顾客面前，当着客人的面完成拆包和放水的动作。

小小流程的改变，为火锅店洗清了冤屈，坊间流传的谣言再也站不住脚了。

三种技巧攻破谣言

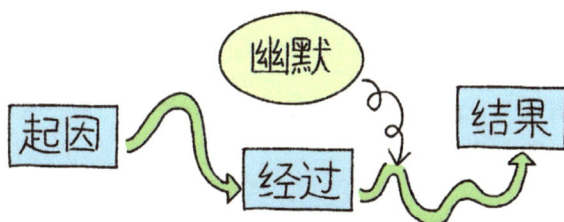

1.用幽默巧说逻辑。

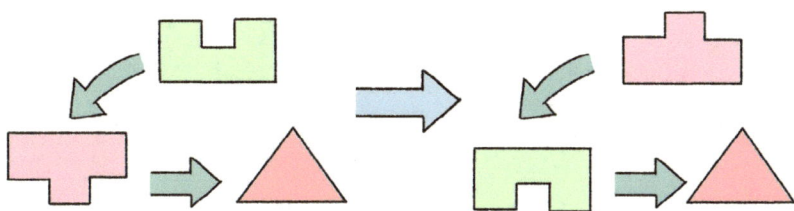

2.改变服务流程。

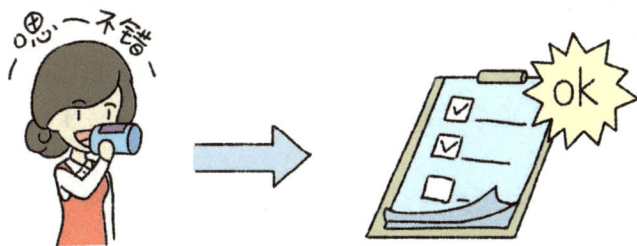

3.亲自验证。

第三招：亲自验证的威力

有些时候，企业无法在第一时间想出足够有说服力的反击之言，也无法从流程上做任何改进，这时我们该怎么办呢？此时，只要企业产品本身质量过硬，我们就能采取"亲自验证"的手法来向世人展示谣言仅仅是一个谣言。

如果你的产品是快速消费品，让员工使用或食用自家的产品就是一种借鉴"他山之玉"的有力说明，甚至曾经有一家空气净化剂的老板对自己的产品安全极有信心，还当着众多记者的面，将一整瓶净化剂一饮而尽。人们总是愿意相信这种具有感官冲击力的案例，亲自验证不但让谣言不攻自破，更增加了企业的知名度和美誉度，足以打胜一场危机营销的翻身仗。

一起讨论你感兴趣的话题吧！

本章节一样共有10个小节，每个小节都对应有不同的心理学原理和解决方法，有的浅显易懂，有的深奥难懂。

不过没关系，扫描左边二维码，进入讨论群，有专家和学者会耐心解决大家的疑惑。

第 3 章

交涉中的
心理战

为什么消费者就一定是"上帝"？
为什么我们就不能做自己的"上帝"？
若与消费者的交涉就是一场战争，
那我们就可以是"上帝"，
因为我们可以看穿他们的心。

让对方
难以拒绝

- 金牌销售的秘诀是什么?
- 得寸进尺术如何运用?
- 登门槛效应怎么实践?

！金牌销售
有秘诀

在营销的过程中,不成熟的销售总是希望客户能迅速下单,助你快速完成销售任务,但这样的想法却往往事与愿违。很多时候,你的心越急,成单的可能反而与你心急的程度成反比。

那么,那些销售冠军到底是怎么做的呢?为什么他们的客户总愿意乖乖买单?他们的手中到底有什么诀窍?

！得寸进尺,
让对方难以拒绝的心理学技巧

有经验的销售往往能在自己无数的实践中总结方法,形成经验。这种被称为"得寸进尺"的心理学技巧就是他们出奇制胜的利器。这套技巧仅分为两步。

第一步：首先完成一个小目标

这个小目标可不是王健林所说的"一个亿"，而是请你的客户首先答应你一个无压力的小要求。比如，完成一份简单的问卷调查或请他参加一个会议，甚至仅仅让你的目标客户扫一扫你的二维码，让他关注你们企业的公众号。

第二步：然后再提出一个更大的目标

等他完成你的小要求后，真诚地感谢他，然后再提一个更大的要求。比如，邀请完成问卷调查的对象，通过你们的移动热点下载并安装一个你公司的APP；在参加会议的宣讲会上推销你公司的产品；让关注企业公众号的客户参加你们的团购活动。

你可能会问，为什么直接走第二步效果就会差很多？这就要说说"得寸进尺"的理论依据：登门槛效应。

！人类心理特性：
登门槛效应

"登门槛效应"（Foot In the Door Effect）是指一个人一旦接受了一个小的请求，为了避免认知上的不协调，从而不让别人产生前后不一致的印象，就有很大可能会不由自主地进一步接受一个更大的请求。犹如登门槛时要一级一级台阶循序渐进地登上，从而成功达到高处。

该效应最早从1966年的一个心理学实验中提出，当时实验的负责人是美国社会心理学家弗里德曼和弗雷瑟，他们请实验人员随机访问一些家庭主妇，并请求她们在自家的窗户上挂一块小招牌，主妇们愉快地答应了。一段时间后，当他们进一步要求将一块大而丑的招牌放进她们院子里时，将近50%的主妇同意了这个要求。而与此同时，实验人员直接请求另一些家庭主妇在院子里摆放第二种招牌，超过80%都遭到了拒绝。由此可以看出，第一阶段的铺垫（小要求）对第二阶段的真实意图（大要求）有多重要。

值得一提的是，在使用登门槛效应时有三个注意事项。

（1）小要求和大要求之间的时间间隔不宜过长，以免被别人遗忘；

（2）小要求和大要求的跨度不宜过大，比如，请主妇放一块小招牌后，要求她们把房子卖了。

（3）实施小要求时不能给他们金钱上的报酬，以免造成他们自尊心上的伤害。

登门槛效应

登门槛效应
在营销中的实践

　　曾有一家卖大闸蟹的商户，无论是店内的装修还是人员的工作技能和服务态度都不错，但唯独销售额始终上不来。一次，一位精通营销心理学的朋友给这家商户的老板支招，让他把展示大闸蟹的水箱从前厅搬到后堂，别看这个改动微乎其微而且几乎没有什么成本。但就因为这一小小的变化，却大大增加了客户下单率并促成销售额的猛增。

　　原理揭秘：改动前，客户自己就可以看到蟹的情况，很多人走马观花一番就离开了；改变后，给了店员提要求的机会，他们会先提出一个小要求，比如跟我一起进后堂看看我们的大闸蟹。

　　而顾客一旦答应了这个要求，为了在心理的认知上与之前答应的回复形成一致，只要价格不要太离谱，客人们就会下意识地不再去其他商户继续浏览，从而选择留在该店购买。

END WORDS

结语

　　●营销中有很多运用到心理学技巧的招式，而登门槛效应作为一项易实践、可操作、效果好的心理技巧是营销心理学的学习者能迅速掌握并投入使用的初级技巧。使用者最需要做的就是设计好大小两种要求，用合适的方式向顾客发出请求，销售额的提升就是可期待的结果。

02 利用对方的罪恶感

- 什么是利用罪恶感做营销?
- 怎样使用高开低走策略?
- 还有哪些场景可以利用对方的罪恶感达成所求?

! 用对方的罪恶感议价

当确认购买意向后就是议价阶段,而议价是决定一桩生意是仅仅保本,还是能够获得可观利润的重要步骤。因此,如何为自己争取到最大限度的获益空间是每一名营销心理学学习者的必学技巧之一。

在所有的议价流派中有一种方法十分实用,其利用了对方的罪恶感来实现这一目标,下面就来为你具体讲讲。

! 让人难以拒绝的技巧:高开低走策略

在议价之初,你要设定一个自己可接受的目标价位,但报价的时候却要往高里报,然后再慢慢地退让,让对方在此过程中不忍拒绝。最终的成交价只要比你之前设定的目标价来得高,高开低走策略即宣告使用成功,而多出来的差价部分则是你额外的收益。

比如，你是一幅油画的卖家，收购该画的价格为 1 000 元，但你的报价却可以是 5 888 元，当发现顾客感兴趣时（可以结合第一章中观察客户的瞳孔是否扩张来判断其感兴趣的程度），适当地松动你的价格，最后很可能会在 2 000 到 3 000 元之间成交。

运用高开低走策略时，有以下两点需特别注意：

（1）能够采用这种心理术的产品需要有较低的价格透明度，许多标准产品或近标准产品，客户只要在网上一查就能知道大致的价位。

（2）在松动价格时千万不能太爽快，要以十分痛苦的表情配合你价格的下跌，最好附上一定的交换条件，比如"介绍更多的朋友来光顾"或者"今天就把所有的款项付齐"等，以此让对方觉得自己的这笔买卖没有吃亏。反例：像赵本山的小品里那样，别人一还价，你就立刻和他握手说：成交！你知道客户心里的滋味会有多难受吗？以后该客户还可能成为回头客吗？

！高开低走策略之原理篇

心理学家分析，在高开低走策略中，先开很高的价格，再慢慢地降低，之所以能让对方在此过程中不忍心拒绝，是由于在拒绝前一个较高的价格后，议价者的内心会产生一种他人已经有所退让的愧疚和罪恶感，而为了弥补这种愧疚、罪恶的情绪，达到自己内心的平衡，对于之后慢慢降低的价格就会比较欣然地接受。这个策略在一些心理学学术领域也被称之为"以退为进策略"（Door In the Face）[7]。

在案例中，由于顾客对油画发生了兴趣，对油画的价值实际已经产生了一定程度的认同，议价只是顾客想以一个较为优惠的价格成交的愿望。因此，当他拒绝一个 5 888 元的高价时，只要店家缓慢松动价格，逐渐促成顾客心中愧疚和罪恶的情绪，顾客就会变得好说话，并最终促成你们交易的成功。

以退为进

5千万

减少2千万

3千万成交

> ❶ 先提出较高的要求，再退让一点，消费者会有愧疚感，就有可能接受较低的价格。

！高开低走策略之实践篇

除了议价场景，我们还能如何利用对方的罪恶感达成我们的所求呢？

（1）借钱。人难免有需要应急的时候，直接向别人借 2 000 元可能会遭到拒绝，但倘若先要求借2万，遭到婉拒后再要求借2 000元，就比较容易实现目标。

（2）安排加班。在人情味比较重的企业，安排加班是一件比较难做的事情。直接要求属下周末放弃和家人团聚的时光来加班很可能会碰一颗软钉子，可如果先要求他周末两天都要到场，被告知有些困难后再"高开低走"，只要随便来一天就行了，那么属下往往就会不好意思再做拒绝。

（3）请假。如果预计请假3天成功概率偏低时，那就可以尝试先向老板提出请假一周，遭到拒绝后再说压缩一下安排，请假三天争取搞定事情，请假成功的概率就能大大提升。

END WORDS

结语

●人之初，性本善。每个人在拒绝他人时或多或少都会存在一定的罪恶感，作为营销人员，只要我们学会善加利用，更多的利润就有机会被我们俘获。当然我们也可以根据具体的情况略作变化，通过践行来增加策略使用的合理性，从而在议价营销以及生活、工作中的众多场景里为我们争取更多的利益。

03 让人觉得占了便宜

- 为什么说让消费者占便宜很重要？
- 什么是低球技巧？
- 低球技巧两步法具体要怎么做？

！用人性的弱点攻心

营销心理学，在一定的程度上就是利用人类心理上的一些弱点去攻克消费者的心，使之将注意力聚焦到你的产品上，促使他们深入了解商品，再通过各种形式说服顾客，从而最终让消费者们作出下单的决定[5]。

"爱占便宜"就是人性的特点之一。苹果的创始人史蒂夫·乔布斯曾经深入地洞悉了消费者的心态，所以一语道破天机：消费者并非要"买便宜"，而是想"占便宜"。

"占便宜"其实和顾客追求"性价比"是同一个概念。当消费者接触某种商品时，他往往会与其他类似的产品去做比较。因此，所谓"占便宜"，其实是通过比较而来的。而由于产品的品类和型号不同，有些部分并没有显著的可比性，这时，价格这个关键指标就是消费者率先关注和比较的对象。

那么，在理解了消费者购买动机中存在"占便宜"的心态，以及顾客是如何通过价格指标寻求"占便宜"的底层心理后，我们又该如何把它变成具有可操作性的方法呢。本篇就将为你介绍一种特别的营销心理技巧：低球技巧。

！低球技巧的
！原理

不知道你有没有注意过一个现象，在网上商城里搜索一件你想要

低球技巧

1.
　　　　　　　　价格低

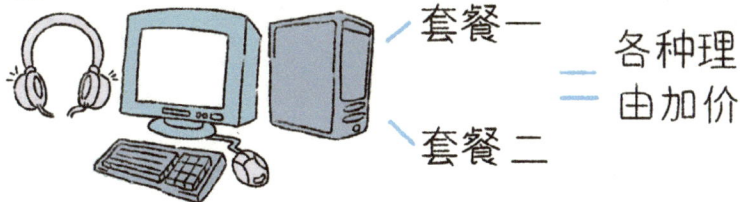

2.
　　　　　　　套餐一　　各种理
　　　　　　　　　　　　由加价
　　　　　　　套餐二

3.
　　升级版
　　　　　　　　　高价成交

的宝贝，比如一台平板电脑，搜索出来的结果往往会让你看到它的价格要比同类商品低上不少。这引起了你极大的兴趣，促使你点进去一览究竟，而当你详细阅读这款产品的介绍时，才发现前面的那个低价仅仅是早已落伍的一款产品，正常的商品购买要选"套餐一"到"套餐五"，而且价格也会更高。

这就是典型的"<mark>低球技巧</mark>"（ Low Ball Technic ），其又被称为"虚报价格策略"，是一种来源于社会心理学的技术。<mark>最早的低球技巧是由销售人员虚报一个低价，当客户同意购买时，再以种种理由增加其价格，从而使之最终成交在较高的价格之上</mark>。而倘若议价才开始就和客户报最终价格，顾客往往是不接受的。比如，一辆汽车报价5万，客户同意购买；销售人员又立刻告诉顾客这是最低配置，还要加ABS系统（ 制动防抱死系统Antilock Brake System ），安全气囊等配件，最终以8万价格成交。而倘若起始报价就是8万，则往往无人问津。

！低球技巧 两步法

现在我们知道了，低球技巧的特点就是通过低价：让客户觉得有便宜可占，从而大量地吸引流量（引起消费者关注），再通过图文介绍（销售员推销）进而提高成交量。这是一种从引流到转化的结果。所以，要想用好低球技巧就要分两步走。

第1步：提一个小要求（报一个低价）。

第2步：立刻提一个更大要求（报更高的价格）。

低球技巧两步配合之所以能成立的关键是人类认知协调的一致性，顾客的第一次同意会在心理上大大增加第二次同意的概率。这和之前讲过的"登门槛效应"略有类似，都是两步式渐进策略。但两者的区别在于登门槛效应的小要求和大要求之间需要有一定的时间间隔，低球效应则是一个要求紧接着另一个要求；登门槛效应的两个要求互相之间没有太大的关联，而低球效应的两个要求之间关联性很强。它们都是作为营销学习者需要熟练掌握的心理学技巧。

! END WORDS

结语

● 消费者购买策略是商业营销的一门大学问，价格战并非是一项持续经营的良性策略。因此，我们唯有洞悉顾客的心理，迎合消费者这种占便宜的心理需求，合理的设计产品的营销策略和营销流程，用低球技效应这种无往不利的营销技巧，为我们的营销活动服务。

04

战略家的心理战略

● 为什么说营销是一场心理战？

● 战略家是如何一步步实施营销战略的？

● 从"某茶"的案例中，我们可以得到什么启示？

！营销是一场心理战

大凡成功的营销背后都存在一个伟大的战略家。他们虽然不是心理学科班出身，却用其自身在市场争夺中的实践经验，深刻地洞悉了消费者的底层心理，规划了一幕又一幕令人拍手叫绝的营销事件。有些事件甚至都能被载入商学院的经典案例之中。

那么，这些经典的营销心理战略是如何被策划出来的，以及支撑其成功的心理学原理又是哪些？下面就让我们来详细剖析其中的典型。

！"某茶"火爆的背后

"某茶"是2017年出现的一款现象级产品，甚至被称为站上了时代的小风口。虽然只是在传统茶饮料的基础上做了一定程度上的创新，但却如此火爆，以致店家不得不采取"限购2杯""实名登记""杜绝倒卖"

的措施。在这些措施之后，甚至有网友调侃："只听说买菜刀要实名制，第一次听说买奶茶也要实名。"；"以后说不定要摇号购买"；"再下去要交满五年社保才能买奶茶了"。这些调侃成为朋友圈中热议的话题，并再度被引爆。形成了滚雪球般的二次传播，甚至使"某茶"的单店日营业额一度到了5万元以上，比一般的茶饮店高出数倍不止。

那么，在这个电商崛起，实体店铺落没的时代，"某茶"到底是如何一步步成为爆款，站上风口的呢？

第一步：价格定位

除了保证口感不能失分之外，一个好产品的价格定位对品牌的建设起到至关重要的作用。有别于一般茶饮料市场10元左右，最高不超过18元的平民消费，"某茶"以20元~30元一杯的价格，找到了自己的特殊定位和生存空间。

原理解析：在消费心理学中，存在一条叫作"==凡勃伦效应=="（Veblen Effect）的定律。该定律由美国经济学家凡勃伦（Thorstein B veblen）于1899年提出。==凡勃伦效应认为，一件商品的定价越高，越有机会受到消费者的青睐，这是由于人们内心中存在着挥霍性和炫耀性消费的心理愿望==。尤其在互联网发达的今天，总能看到人们买一杯"某巴克"或"某茶"拍一张照片转发朋友圈的图片，有时还会跟上一句对这种"小资生活"的感慨。

第二步：制造排队

"某茶"的门店总是开在人流量巨大的商圈，但往往选择较小的门

凡勃伦效应

❶ 一件商品的定价越高越能有机会受到消费者的青睐，是由于人们内心有挥霍性和炫耀性。挥霍性和炫耀性。

面。这样一大一小（人流量大，店面狭小）必然会引发排队。而茶饮的目标对象往往是年轻人，年轻人充满了好奇，总是会对为什么有那么多人排队产生好奇，好奇引发关注，关注往往又会传递信息，信息的有效传递又带来更多好奇的顾客。如此循环往复，"某茶"店铺的门口自然门庭若市，人人纷至沓来。

原理解析："从众心理"（Herd Mentality）是营销人员吸引消费者的常用心理学原理。它是指个体在群体中往往容易在知觉、判断和认识上表现出符合公众舆论或多数人的行为方式。吃饭，人们会挑选人多的餐馆；网上购物，消费者也往往倾向于按销量排序来选择商品。对于"某茶"门口排起的长队，不明所以的个体纷纷中招，为了买两杯奶茶，即使排队长达50分钟也在所不惜。

第三步：制造新闻

随着时间的推移，新店开张排队购买的盛况往往无法长期持续，当人们的好奇心逐渐被满足后，如果没有新的刺激，产品的销量就会趋于下滑，并最终稳定在某个水平。然而，"某茶"的老板不愧是营销心理学的实践派，无论是刻意为之还是妙手偶得。买奶茶队伍中出现"黄牛党"（一杯23元，刚买好的奶茶转手就能卖出80多元的高价）已是羡煞旁人；"限购两杯"的政策一出，更是自媒体、网络段子手争相撰写发表、调侃的热点。这些无疑进一步助长了"日销千杯"的神话。

原理解析："病毒营销"（Viral Marketing）是口碑营销的一种。它是利用公众积极性以及人际网络，从而使营销的信息如同病毒般传播和扩散的一种方式。在"某茶"的案例中，由于人们普遍存在猎奇的心理，对这种 "奶茶"与"限购"的组合产生极强的好奇心和趣味心，从而使这种新闻成为了人们的谈资和值得在朋友圈转发的话题。结果，"某茶"在一分钱广告费也没有支付的情况下实现了大量流量的引入。

END WORDS

结语

● 从定价到选址，从制造排队到制造新闻，"某茶"的案例让我们看到即使实体店铺大萧条的今天，通过战略家的心理战略，我们依旧有机会把一件"良品"打造成"爆品"，把"生意难做"转变成"没有难做的生意"。

变成
内心强大的人

● 为什么内心强大的人更有说服力？
● 什么是保持内心强大的一个心法？
● 为什么仅仅身着制服就能有更强的说服力？

！内心强大的
人更有说服力

营销人在很多时候其实营销的并不是产品，而是营销人自己本身。而大多数的人都喜欢听从内心比自己强大的人，实践也表明内心更强大的人比普通人更有说服力。这里的强大并不是肉体的强壮，而是指在各种场合都能气定神闲、应变自如、胸有成竹的人。因此，如何成为这样的人就是我们作为营销人自我修养的精进方向。

那么，怎样才能成为一个内心强大的人呢？本篇将从一个心法和一个技法来为你说说，希望能对你有所帮助。

！一个心法：
过往不恋，当下不杂，未来不迎

人是一种极其容易陷入负面情绪的，一旦被恐惧、不安、对未来的不确定等负面情绪控制住时，任何人都很难表现出自信，也难以展现自身内心强大的一面。因此，当这种情形发生的时候，通过提醒自己遵循"过往不恋，当下不杂，未来不迎"的原则，你就能在很大程度上发挥出自己正常的实力，同时也能最大限度地给别人以信心和说服力。

（1）过往不恋。过去的事情已然发生，如果它们的结果并不理想，那也只能证明过去的努力未见成效。过去并不代表未来，唯有不纠结于过去的执念，方能把注意力放在当下的事务上，从而表现出令人侧目的专业水准。

（2）当下不杂。有时我们在做一件事情时很容易过多地考虑别人的看法。比如试图做一个精心准备的营销报告时，担心倘若讲得太好，同事会不会觉得自己在挣表现；又或者讲得一般，下面的领导会不会又认为自己不出彩。抱着类似的杂念，当下所表述的语言必然味同嚼蜡，表现出的肢体动作也大概率缺乏自信，给人以一种不可靠的整体印象。

（3）未来不迎。著名的自媒体人罗振宇曾经举过这样一个例子，如果我们在地上画一道半米宽，五米长的通道，你走过去完全没有问题，可如果两边都是悬崖，你还能走过去吗？你就会肝儿颤。是的，正是由于对坠崖的恐惧，对未来的不确定，影响着我们当下的发挥。所以，未来要发生什么事情，我们根本就不应该脑补着一头迎上去，专心致志地把注意力放在眼前，做此刻最好的自己才是最佳的选择。

！一个技法：身着专业的服装

内心强大还可以指有特定身份的人，例如医生、警察、老师等。他们的强大之处在于拥有专业知识，以及良好的职业素养。比如医生，一

刻板印象

观念

形成固有概念

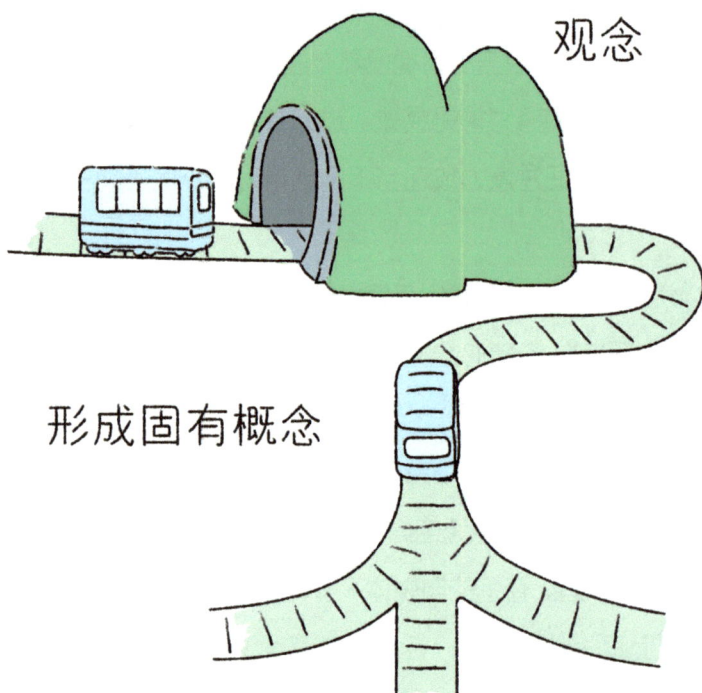

> ⚠ 人们对某物或人形成固有观念后，就容易推而广之而忽视个体的差异。

袭白衣，让人不自觉地就愿意听他的话。又如警察，一身制服，让人不得不对他的命令无条件服从。

然而，人们可能不知道，只要身着专业人员的服装也能给人以一种内心强大的观感，从而提升他的影响力和说服力。实验人员将垃圾故意扔在地上，比起身着休闲服的实验者，身着保安服装的人员要求行人将其捡起，人们的服从率要高出两倍；又如穿便装的交通协管员往往管不住乱穿马路的行人，但手握指挥旗，身着安全制服的协管人员却往往能及时制止住意图闯红灯的违规群众。所以，当我们需要展现自己内心强大的一面，增加自身的影响力和说服力时，身着更正式的服装，打上一条深色的领带会更有力。

原理解密：服装增强影响力的根本原因在于人类固有的认知偏差，即"刻板印象"（Stereo Type）。它是指人们对某事物或群体形成一种概括和固定的观念，并把这种看法推而广之，认为符合这个群体整体上都有这些特征而忽视个体之间的差异。而身着专业服装恰恰触发了人们刻板印象的心理机制，使人们在第一时间将"专业"和我们的形象连接了起来，有利于瞬间提升我们营销人员在顾客眼中的形象，从而大大提升我们说服和影响他人的效果。

END WORDS

结语

● 营销力本质上就是说服力，作为营销人员，我们的首要目标就是要在销售场景下提高自己说服客户的概率，而设法使自己内心强大，或仅仅看起来更强大，则恰恰是我们正确的努力方向。

06 找到 一点突破

- 为什么要做一点突破？
- 西南航空公司是如何做到一点突破的？
- 什么是自嗨式一点突破？

！营销绝地反攻：一点突破

在营销的竞争中，其激烈的程度往往如同战争一般残酷，有时竞争对手的全力打击就可能造成我方处于劣势之中，甚至丢失绝大多数的市场份额。如何在这种情况下做到绝地反攻，如何在长期的竞争中始终保持细分市场的一定市场份额，让自己持续盈利，是很多营销战略家花最多时间思考的问题。不同的营销总监可能会有完全相异的策略，但其中有一种打法却受到了广大营销高手的广泛认同，那就是学会：一点突破。

！低价：西南航空公司的一点突破

什么叫作一点突破？就是找到消费者真正的痛点，然后调动本企业产品或服务这方面的优势去极致地满足这种需求，迎合这种痛点，从而征服我们的目标客户。是不是说得有一些抽象，那么我们就来看一个详细的案例。

在世界航空行业中，美国的西南航空公司可以说是一朵奇葩，她就做到了所谓的一点突破，成为了在竞争日益激烈的航空行业中，为数不多且持续高额盈利的航空公司。她找到了哪一点突破呢？答案是：超级低价，并成为了世界"廉价航空公司"的鼻祖。她所提供的票价到底有多低？答案是可以达到同航线普通航空公司票价的1/3！西南航空的高层甚至还说：我们不是在和其他航空公司打价格战，而是在和地面的运输业竞争。

为了达到这个以低价为核心战略的一点突破，我们一起来看看西南航空到底做了一些什么行动来配合这一营销战略。

（1）不提供餐饮。

（2）不指定座位，乘客可以随意坐。

（3）不运输行李。

（4）不和其他航空公司做接驳。

（5）几乎不使用旅行社。

（6）15分钟完成登机。

（7）没有人工售票，完全使用自动售票。

（8）特别定制的单一飞机型号，没有头等舱和商务舱，只有经济舱。

（9）只在偏僻地区的机场起飞、降落。

（10）飞机的利用率极高。

（11）员工报酬高、流动率低。

（12）和工会的关系良好。

（13）员工认股比例高。

在这种从各个方面配合"低价"这个一点突破的营销战略后，西南航空的员工生产效率可以达到每一位员工对应服务2145位乘客，而在航空业中，普通的航空公司仅仅能做到每一位员工对应服务1119位。在以上这些以运营设计配合营销战略的一点突破下，截至2016财年，西南航空已经实现了连续42年持续盈利，其股价也达到了历史最高点（55美元）每股净收益高达3.5美元，成为了股神巴菲特喜爱和愿意长期持有的优质股。

怎样做到一点突破

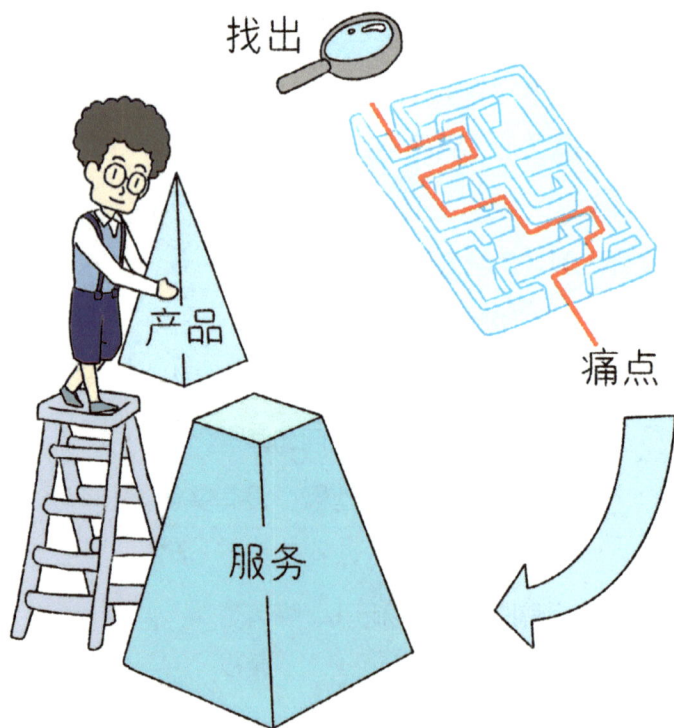

找出

痛点

产品

服务

警惕"自嗨式"一点突破。

"自嗨式"一点突破，是指企业认为自己找到了自身最擅长的优势能力却没能戳中客户真正的痛点。不要以为这只是初创型公司没有经验的胡乱打法，有些超一流公司照样会犯这类错误。

诺基亚大家都不陌生，其所生产的手机有一个最大的优点：坚固。有用户开玩笑说，用诺基亚手机砸核桃都没问题，更不用说摔在地上会摔坏或有碎屏的风险。然而，正由于诺基亚坚持这一点所谓的极致优势，不愿意跟进和开发容易摔坏的大屏触摸智能手机，以至于销量逐年被蚕食，曾经的领先付之一炬。因此，真正的一点突破必然要符合真实存在的需求，只有优势与痛点的完美结合，才能最终成就一点突破的终极成果。

! END WORDS

结语

● 企业营销是一种战略，而战略需要战术的配合。找到企业能做什么，什么可以成为企业的优势，并且这一优势的确能符合客户的真实需求，然后用所有的行动去全力支持这一优势，从而实现一点突破，那么企业的成功就是一件自然而然的事情。

07

先下手为强
取得优势

- 什么是先下手为强？
- 为什么说领先一步，步步领先？
- 商务谈判中率先到达约定地点有什么好处？

！先下手为强，
夺得先机

孙子兵法有云："兵之情主速，乘人之不及，由不虞之道，攻其所不戒。"意思是说一场战斗要以最快的速度先下手，乘敌人还没准备好的时候就要展开攻击，而且还要以别人意料不到的方式，打击对方最没有戒备的地方。

在职场中，无论是设法在老板面前营销自己使自己得到认可、赏识甚至提拔；还是与客户会面，设法说服对方高价购买己方公司的产品，先下手为强，率先夺得先机都是增加自己成功概率的极佳策略。

下面就让我们看看成功的职场人和成功的营销人是如何通过先下手为强的方式获得他们各自成功的。

！领先一步，
！步步领先

Angela和好几个同学都进了一家世界500强的外企实习。她们所在部门的女老板Venessa是出了名的完美主义者，很多实习生都折在她的手上而无法通过试用期，甚至有些实习期尚未结束就被她的挑剔直接终止合同，不得不另谋高就。但公司提供的薪资福利并非一般企业可以比拟，因此，僧多粥少的局面下，是否能顺利留下就看个人是否具有率先营销自己，先下手为强的本领。

一次开会，投影仪投在幕布上的影像明显发生了偏移。当时，女老

率先通过考核

扶正投影仪

● 在上司面前，要表现出能发现问题解决问题的能力。

板Venessa的眉头就一皱。这一表情虽然都被这几个女实习生捕获，但唯有Angela大方的走到投影仪前调整了机器的角度，使之恢复正常的投影。女老板当场就询问了Angela的姓名，没几天，转正通知书就发了下来。后来，虽然其他女生也依靠自己的努力，留了下来，但Angela却被列在高一届入职的职员名单中，无论是之后的升职加薪都比其他人早一步。多年后，Venessa离职之际，Angela也以第一顺位人成为了这个部门新一任的经理，率先踏上了管理岗，从此走上了职业经理人的道路。

！商务谈判
先到有优势

　　地铁上先坐下的人有优先权，只要不是老幼病残，几乎没有人会将自己的位子分享给其他陌生的乘客，这是一种约定俗成的先到先得。那么，在商务谈判中，先到约定的地点有什么好处呢？难道在谈判场合先到也能率先取得成功吗？如果答案是肯定的，这又是什么道理呢？

　　Andy还是菜鸟时，曾经跟过一位老销售Mike与另两位客户接洽。当时，这位老销售与Andy两人比约定时间提早了半小时到达一家咖啡店。当年新人一枚的Andy十分不解，但Mike却笑而不语。

　　两位客户来了之后，才刚入座，服务员立即端上一杯无糖拿铁和一杯红茶，并把找零递给Mike。当天的谈判异常顺利，最终成交的价格比目标还高上1.5个百分点。回去的路上，好学的Andy向Mike请教，Mike自然心情极好，顺便给Andy上了一堂营销心理学的课程。Mike说，先到会晤地点至少有三个好处。

　　（1）把握周围环境，让自己得心应手，形成一种类似于主场优势的感觉。

（2）利用对方晚到的罪恶感，占领优势。

（3）利用上一次接洽的信息（一位喜欢无糖拿铁，另一位嗜好红茶）为他们点单和买单，并吩咐好服务员在恰当的时间送上来。由于互惠效应的存在，充分地利用他们的亏欠感和想要立即做出补偿行为的心理使谈判最终顺利地成交在Mike的心理价位上。

商务谈判提前到达

愧疚感

主导权

提前五分钟到达

END WORDS

结语

● 先下手为强，有时是一种看清形式之后的胆量，有时又是一种充分搜集信息之后的一种心理策略。但无论是哪一种，只要善加使用，必然也能很大程度上为你在营销自己或产品时增添成功的几率。

08

好印象的战略论

- 怎样构建好印象战略？
- 什么是心理黑箱理论？
- 如何运用晕轮效应？

！ 好印象战略需要战术的支撑

无论是企业还是个人，都想给大众或他人留下一个良好的印象，从而使自己在与消费者的互动以及和他人的交往中占据有利的地位，获得更多的益处。好印象是一场持久战，而持久战则可以认为是一场战略，而一个好的战略如何落地则又需要优秀的战术来做支撑。

本篇就将为你介绍三种输出好印象的心理学战术，从而为你成功落实好印象战略助力。

！ 三种心理学战术助你达成战略目标

战术一：打开心理黑箱

卡尔·冯·克劳泽维茨（Cal Van Clausewitz）在《战争论》一书中曾指出：情报大部分会有虚假的部分，人的恐惧心理会倾向于把情报中虚假的部分夸张、扩大化，比起好的方面，一般人倾向于相信不好的事情。这正是"心理黑箱效应"的体现。

所谓"心理黑箱效应"，就是指当情报不明朗，个体对某事物的信息有限甚至完全没有的情况下，更容易往坏的地方想，更容易相信不好的可能。比如，养育女儿的家庭可能就会有这种体会：如果时间已经很晚，而女儿还不回家，打电话、发微信都没有回应，那家里人就极可能怀疑女儿遇到了不好的事情，担心和焦虑就此产生，这种情绪要直到女儿来电或到家方得以解除。放在企业中也是一样，只要朋友圈一流传某

心理黑箱效应

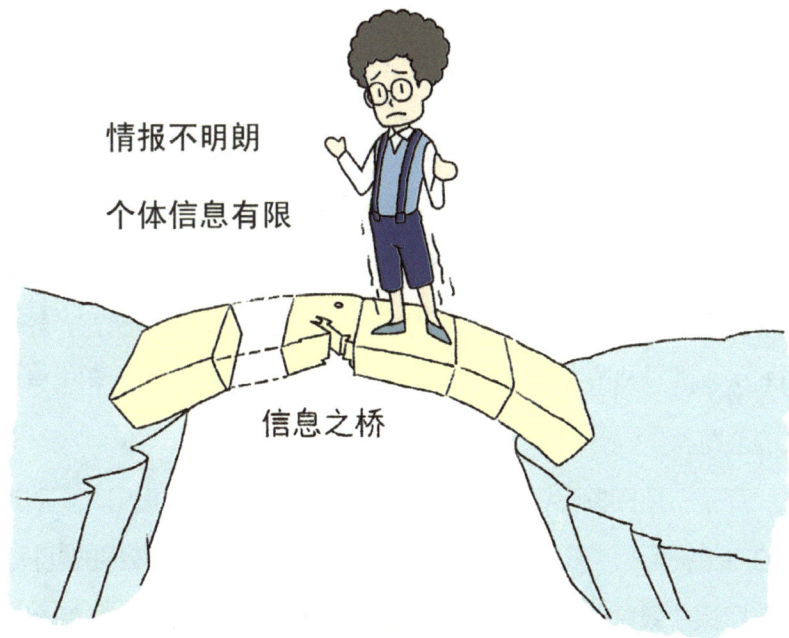

情报不明朗

个体信息有限

信息之桥

❶ 情报不明朗，个体对事物的信息有限。这时人们更容易往坏的地方想。

某企业良心丧尽，使用地沟油、致癌物质，普通大众就趋向于相信。倘若被"曝光"企业毫无动静，也不做任何解释说明，消费者就更认为企业心虚了，都不敢站出来辟谣。这就从另一个角度"坐实"了企业无良的可能。

那么，如何才能改变消费者心中这种不良的印象呢？答案是打开心理黑箱。仍旧以被指使用"致癌物质"的企业为例，只要企业并不如谣言所传，最好的办法就是大方地邀请媒体参观厂房，随时欢迎消费者前来监督指导。这就使"心理黑箱"得以打开，就像"失联"的女儿来电或出现一样，谣言自然不攻自破：不但重新获得好印象，还可趁此时危机公关之际，迅速提升企业知名度。

战术二：用好晕轮效应

人在做决定的时候不是简单的加减法，人重视负面情报，为了填补坏的印象需要好印象成倍的弥补来进行好印象的构造。比如，近几年已经连续出现数十家网络理财产品公司资金链断裂，创始人、高管跑路甚至入狱的负面新闻。这些新闻虽然教育了人们不要贪小便宜，轻信年化利率虚高的高风险理财产品，但也误杀了一批真正有实力和良好商业模式的公司。

可是，坏印象已经产生了，如何"成倍弥补"来重构人们对这些公司的好印象呢？"晕轮效应"就是这种能产生"成倍"效果的杠杆。

所谓"晕轮效应"，又称"光环效应"，是认知者对人或事的某种特征形成好印象或坏印象后，据此推论此人或事其他方面的特征，有一些"爱屋及乌"的意味。对于真正优质的互联网理财企业，倘若能挖掘自身优势，并以此作为亮点，高频营销推广，就能实现"好印象重构"

的效果。比如，某理财网是一家典型的互联网金融企业，之前也在此影响下出现了显著的业务量滑坡的现象。在考虑使用"晕轮效应"重建企业形象时，该企业就以另一家知名央企高比例注资作为它最大的卖点。果然，在一些平面广告和互联网广告推送之后的一段时间，业务不但迅速回到了原来的水平，甚至比以前还高出20几个百分点。

晕轮效应

楼盘好　小区好　楼盘差　小区差

> ❶ 认知者对人或事物的某种特征形成好或坏印象后，据此推论此人或事其他方面的特征。

战术三：共同点战术

企业可以用以上两种战术建立形象。个人又如何在生活和工作中给别人留下好印象呢？最简单的办法就是使用共同点战术，具体怎么用呢？顾名思义，共同点战术意味着我们要设法从彼此的共同点作为切入点，以此来让别人对自己产生好感。比如，在面试的过程中，如果你发现面试官的办公桌上，有一枚你母校的校徽，那么在接下来的话题中，你就可以以彼此的毕业院校作为面谈的切入点。又如，面对一位陌生的朋友，倘若你能在话题的交换间发现你们都非常喜欢同一本书，那么你们以此作为话题展开，彼此留给对方的印象也会变得比一般的交谈方式更好。这是由于心理学中有一种"与我相似效应"，即人们更倾向于对与自己有相似、共同点的人有好感。所以传统上，陌生人之间认老乡、攀亲戚自有其内在的道理。

END WORDS

结语

●好印象是企业和个人普遍想要留给消费者和他人的一种心理结果，而如何运用好我们的心理学战术，从而达到这一目标则是我们可以详细、深入研究、分析以及践行的步骤。熟练地使用这些技巧，把它们变成本企业或自己自然而然的做事流程、习惯，那么好印象战略的落实就指日可待了。

09 消极思想的恩惠

- 正向思考有两个怎样的陷阱?
- 什么是自利性偏差?
- 消极思想有什么恩惠?

! 争夺:
营销经理职位花落谁家

　　Mike和Andy几乎同时进入公司,工作经验5年的他们身为营销主管,各自策划着一个产品。年底,公司出现一个营销经理职位的空缺,总监已经发话,谁能夺得春节档的单品销售收入冠军,就保荐谁坐上这个"宝座"。

　　Mike性格外向,向来以正面思考自居,凭借一股拼劲,做成过多个项目;反观Andy为人低调,喜欢给团队成员泼冷水,但细节上却很有一套。两位主管各自较劲,都用超时工作为这次冲刺做着充分的准备。

　　当交出答卷时,Mike运作的产品销量远超Andy,而正当Mike自鸣得意准备携团队庆功之时,后台传来退货的消息:春节期间普通快递急剧减少,以致近30%的客户不愿等待而申请退货。更令人遗憾的是,Mike团队的成员纷纷表示无法接受这个出人意料的结果,团队成员居然开始互相推诿起责任来。反观Andy这边,向来喜爱考虑最坏结果的他,早早地联络好某电商平台的自营快递,虽然价格上要高上一些,但好在卖出的产品都能顺利送达。团队成员也在此过程中互相配合，协作气氛十分愉悦。

最终公布销售额时，上演了一出大反转，原本最被看好的Mike惨遭滑铁卢，而稳扎稳打的Andy则摘取了最后的桂冠。

！正向思考的两个陷阱

陷阱一：忽视潜在危险

作为一个营销人，每次营销方案或行动都可能会获得成功或遭遇失败。但我们往往会发现，前一次的成功经验让我们信心倍增，却未必能在下一次的具体场景中发挥作用，确保可以再次斩获成功。本来我们自以为凭才智和能力足以托起某款单品爆款，却往往会由于忽略甚至躲避思考其中的不利因素而功亏一篑。

正如生活中有些人会把正向思维误读，认为正向思维就是只往好处想，任何事物都是积极的，面对任何事情只看到好的一面就行了。其实这些都是误解，因为这种正向思考的解读虽然会给人带来安全感，但实际却是一种心理学上讲的"自利性偏差"（Self-serving Bias）。自利性偏差即事情做成了，人们往往会把原因归功于自己的努力和方法；而当失败发生时，人们则易于将影响归咎于客观因素甚至他人。

陷阱二：忽视他人的贡献

"自利性偏差"还解释了一个现象：为什么一个团队中的成员认为自己的贡献百分比之和可以高达150%？为什么夫妻双方也会认为自己对

自利性偏差

成功

自我努力

失败

别人的过错

> ❶ 事情做成了，把原因归结于自己的努力，失败了，将错误归于他人或外因。

家庭的贡献之和超过130%？这种重视自身付出，忽视他人贡献的思维不但会让团队成员在遇到问题时引起不和谐的因素，更会让问题的焦点和团队成员的精力从处理事到对付他人。

因此，既然我们看清了正向思考的潜在危害，了解了"自利性偏差"造成的不良影响，那么我们到底该怎么做才能避开陷阱，凝聚人的力量把事情做成呢？让我们来看看消极思想能提供什么恩惠。

消极思想的恩惠

很多人一听到"消极"，就容易望文生义，觉得这必然是不好的事物，认为应该从头脑里将它们抹去。而实际上，消极思想正是我们避开"自利性偏差"的一剂良药。

首先，通过做最坏的打算，我们可以提前看到可能会遇到的潜在危险和问题，注意到那些虽然细微但对全局可能产生重大影响的环节，从而有针对性地做好计划，以备不时之需。

其次，通过降低期望，我们还能设法调整好自己和团队成员的心态，不为意料之外的结果茫然失措，以致士气低落。

最后，通过认识"自利性偏差"，重新评估自己对团队的贡献，增加对他人贡献的肯定，我们还能设法协调好自己与他人的关系，做到高效和良性的沟通，让彼此建立更加有效的互动关系。

以上这些，都是所谓正向思考所无法提供的恩惠，却是消极思想所带来的积极结果。

END WORDS

结语

●巴菲特的合伙人查理·芒格曾经说过一句金句：如果要观察一个人的智力是否上乘，就要看他的头脑中是否能够容得下两种截然相反的思想。生活和工作中，正向思考的确能给人以希望，但其中所蕴含的陷阱则不容小觑。我们唯有同时运用消极和积极的思想，做好最坏的打算和预案，看清和认同别人的贡献，才能通过团队的努力，不断增加成功的概率。

10

说些对方想听的

- 金牌销售有什么秘密？
- 什么是牵着买家走完购买进程的三步法？
- 怎样说些对方想听的内容？

！金牌销售的营销技巧

在一场营销过程中，说服能力是营销成功与否的关键，而说服别人是需要做很多准备的，比如足够的论据、充足的数据，又或者一些非常吸引人的说话技巧。而真正难的是读懂别人的内心，即让对方适应自己的建议。从一些金牌销售惯用的营销技巧来看，他们中很多人都是说一些别人喜欢听的话，充分调动买家的兴趣，从而牢牢牵着对方一步步走完够买的流程，让他觉得自己如果不买是一件很吃亏的事情。不过，这种技巧说起来简单做起来难，所以我们来看看具体应该如何操作。

！三步走，牢牢牵着买家走完购买进程的技巧

第一步：了解买家的真实意图

消费者之所以会走进一家店铺无非出于三种目的：闲逛、了解商品

情况以及存在购买意向。而最后一种显然就是我们的目标客户。根据我们在第二章第一节曾向读者介绍过，通过三种线索，即**语言线索、微表情线索和视线线索识别出这些客户**。然后通过与他们进行沟通，设法挖掘这些买家的真实意图。

比如，有一位青年男子和一位年纪较大的女性走进房地产中介，对着地铁规划图和房屋租金的表格看了又看，作为一名房产经纪人，你可能看得出这是一对有购买意向的客户。通过沟通，果然验证了你的想法，原来这是一对母子，他们在市区有房子，到这里来主要是想看看有没有升值潜力的房产可供购买，并希望买好房子后能够立刻租出去。因此，归纳起来，买家的真实意图十分明显：投资和出租。

第二步：多说对方想听的

既然已经明确了顾客的需求点，下面就是我们作为营销人员发挥作用的关键时刻了，即**我们的每句话都要设法围绕需求点展开**。依旧以这对母子买房投资为例，针对投资需求，我们可以将想要介绍的目标房产罗列下列事实来吸引他们。

（1）近10年来，任何地铁周边房产的升值无非有四波：地铁规划、地铁开工、地铁竣工、周边配套设施从少到全。

（2）该地区的地铁规划早在两年前完成，预计今年年底可以开工。

（3）现在周边的配套设施不多，但将来已经规划了大型的Shopping Mall（大型商业设施+大型超市的组合）。

（4）3年前，之前靠近市区的另一个项目在这个阶段只有现在房价的一半。

所以，从投资的角度，现在是介入的绝佳时机。

而针对出租需求，则可以展示电脑excel中的登记日期和租出日期以及租价，显示我们这个中介的业务水平：既能租出好价钱，又能在最短的时间为你租出去，降低空置，减少浪费。

值得提醒的是，在围绕需求点展示数据、论据，并带领客户实地查看或展示商品样品的过程中，我们营销人员仍旧要观察好顾客的肢体、眼神、瞳孔的缩放等细节，对他们表现出特别感兴趣的内容要做着重和详细的叙述。

牵着买家购物的三步流程

1.了解买家真实意图。

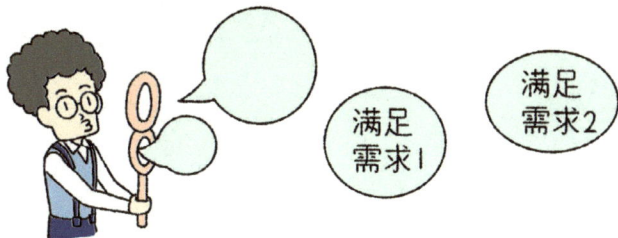

2.多说对方想听的。

3.施以小惠限时购买。

第三步：施以小惠，限时购买

前两步的目的是挖掘需求，满足需求，解决买不买的问题；而第三步我们则要帮助客户做出为什么要在我们这里买，是否立即购买的决定。

继续以买房案例做分析。实地考察完毕，我们可以表示，这套房子看中的人很多，看你这么有意愿，我们公司按照规定只要您今天与房东签订购买意向书并支付定金，可以让你选择以下三种优惠的任意一种。

（1）与房产交易相关事宜全程专车接送。

（2）房子交易完成后出租佣金全免。

（3）我公司合作影院的观影券十二张。

第三步的技巧主要目的是为了造成一种心理上的紧迫感，在通过前两步确保了顾客对标的物感兴趣之后的施压，让顾客感到今天不做购买决定会让他有所损失。该方法借鉴了丹尼尔·卡尼曼提出的"损失厌恶原理"，即比起得到，人们更厌恶损失。从而增加顾客做出立刻购买行动的概率。

一起讨论你感兴趣的话题吧！

所谓处处留心皆学问，营销不仅仅是把产品能够顺利地卖给消费者，而且在这过程中营销自己更是一门高深的学问。

如何让自己在营销的长河中任意遨游，扫描左边二维码，收听更多精彩内容。

第4章

属于消费者的心理学

对于商品，消费者最想要获取的是什么？
作为营销人，你是否想过这样的问题？
然而只有洞察了消费者的心理，
才能事半功倍，引导顾客轻松成交！

消费者的定位

- 为什么消费者定位那么重要？
- 什么是马斯洛需求层次理论？
- 每一层我们该怎么来定位？

！定位决定产品成功

在营销心理学的战略制定中，很重要的一点就是找准产品的定位。这是因为，如果一件产品倘若想要做到老少皆宜、面面俱到，那它要么在各方面的特点趋于平庸，要么就是在成本上失去控制以致价格过高、无人问津。因此，这也是在商业历史上，你几乎找不到这样一种成功产品案例的原因。

既然消费者的定位对一件商品是否能取得成功起着举足轻重的作用，那么我们又该如何着手去切入某一个细分市场，从而为斩获一次商业成功打下夯实的基础呢？

下面，我们就从著名的马斯洛需求层次理论来为你找到这种着眼点。

！马斯洛需求层次理论

==马斯洛需求层次理论==由美国心理学家亚伯拉罕·马斯洛在1943年在《人类激励理论》论文里首次提出。该理论将人类的需求从低到高分别按层次分为五种，分别是：==生理需求==（Physiological needs）、==安全需求==（Safety needs）、==社交需求==（Love and belonging）、==尊重需求==（Esteem）和==自我实现需求==（Self-actualization）[1]。越高层次的需求只有在前层需求满足的情况下才会产生。

举例来说，一个人如果连饭都吃不饱（第一层生理需求）他可能就会舍弃尊严，做一些诸如乞讨等旁人觉得毫无颜面的事情。

那么，如何将马斯洛需求层次理论与营销心理学中的消费者定位相关联，把它们发展成为可以制定营销策略的依据呢？

！每一层，我们可以怎么切入

第一层：生理需求

作为首层，生理需求是最底层的需求，因此，无论是做衣食住行四大方向哪一类的产品，最关键的聚焦点只有一个：低价。

处于生理需求层次的消费者往往收入来源有限，可支配部分较少，因此他们每天都在想方设法节省开支。而倘若我们作为商品的提供者，在采购、生产、运输、渠道等各个方面提高效率，以运营配合营销，那么我们就极有机会做到量大面广，从而获取丰厚的利润。

例如，某网络电商平台打出的旗号"买贵补十倍差价"，就是牢牢抓住第一层消费者的有力武器。

第二层：安全需求

现代中国，安全需求正在成为全民所关注的一个重大需求。从食品安全到网络安全，甚至到人类最最基本的空气安全，都体现着人们的需求。安全需求是一个极大的利基市场（Niche Market），又称缝隙市场，即指某一高度专门化的需求市场。针对安全需求的企业，除了切实

马斯洛需求层次理论

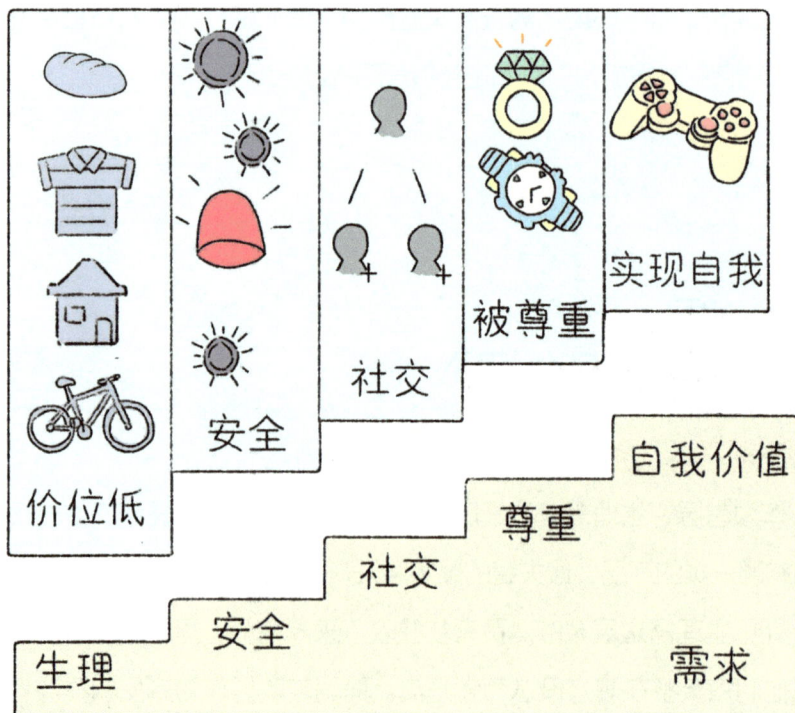

以产品解决消费者真实存在的问题，更要在营销宣传上着重突出，以此给第二层的消费者一种安全的感受。

例如，某矿泉水的广告词"每一滴XX矿泉水，经过27道工艺过滤"就是一种成功而强烈的安全暗示。

第三层：社交需求

社交需求强烈的人多数衣食无忧，但他们虽然物质上得到了满足，精神上却渴求爱和归属感。

对于第三层次的需求，营销的重点就在于尽可能用最短的语言去说服消费者使用你的产品能给他这种感受。

第四层：尊重需求

几乎所有的奢侈品，其重点就主要满足这一类需求。10万级别的手表，在不经意间出现在袖口就能给人以低调奢华的自我感受。

这类消费者往往是社会精英，事业上的成功者。他们渴望通过一些服饰、装饰品、随手物件获得更多人的尊重。对于这些人来讲，价格越高，产品的数量越稀少，这种满足感就越强烈。

反面案例：某轻奢服饰品牌以为打折可以获取销售额，迅速回笼资金，却愣是在后面几年沦为了彻头彻尾的大众品牌。这就是消费者定位失误的典型表现。

第五层：自我价值实现需求

绝大多数的游戏产业可以归于这一类。针对大量游戏玩家，游戏的设计要既不能太简单也要兼具挑战性，要使消费者感觉自己是费了一定的精力和脑力，方才得到了级别的提升和关卡的突破。

同时，每个取得成功的游戏还要体现人与人之间的差异，我的装备比你的厉害，我的伤害技能比你的更强，都是能让玩家产生价值感的经典设计。

经典游戏类产品广告语：做你从未做过的事。

END WORDS

结语

●消费者的定位虽然是营销模块的主要职责，但也同时是企业战略中最为重要的任务之一。只有产品的设计与生产，供应链与渠道等各企业功能全力配合某一清晰的营销定位，我们的产品才有机会获得好的销售业绩。

找到消费的理由

- 为什么一小时限时优惠能增加下单的几率?
- 怎样绕过客户买不买的犹豫?
- 顾客因价格纠结时销售人员应该怎么办?

！ 低效率，销售的通病

无论是实体店还是网上店铺，当客户进入并询问一件商品具体的某项信息时，其实极大概率上他对该种类产品已经有了需求。然而，缺乏技巧的店员或客服却很难用语言留住顾客，让他就在我方店铺下单购买。于是，分明有机会成交的订单就如此白白流失。这既是销售人员本人的损失，更是店铺的损失。

那么，我们到底应该怎样才能有效率地牢牢抓住客户的心，让他做出立刻购买或交付定金的行动呢？其中的关键就在于：为客人找到消费的理由。

！找到消费理由的
！三种技巧

为客户找到消费的理由需要一定的技巧，本篇就来为你说说。

技巧一： 限制出售，制造供不应求

一些餐馆会在店内张贴并宣传某种每天仅售20份的牛排，这些牛排固然口感鲜嫩，品质不凡，但其售价却可以是普通牛排的5倍甚至10倍。这些特殊菜品往往会冠以"皇品牛排""尊品牛排"的特殊称谓以博得消费者的眼球，使消费者趋之若鹜、争相购买，从而在赚足噱头的

饥饿营销

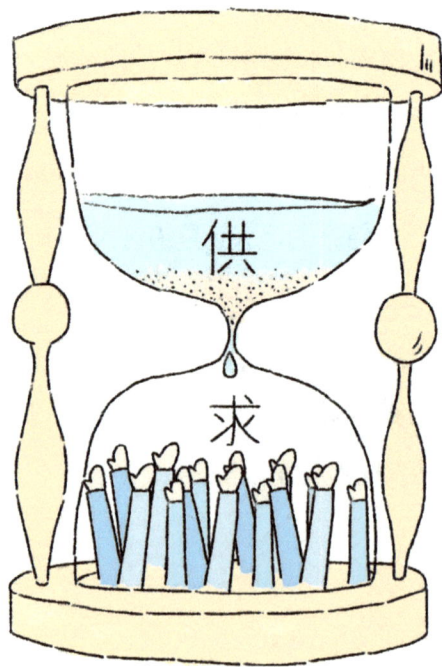

情况下获得高额利润。

原理揭秘：这种手法在营销心理学中被称为 **"饥饿营销"**，**其是一种由商品提供者刻意调低产量，从而实现调控供求关系，造成"供不应求"的假象，进而维护产品形象、维持商品较高售价以及利润率的一种营销技巧**。

典型的饥饿营销策略想要获得成功需要遵循三大适用原则。

首先是保证商品必须要优质，否则客户尝试了一次之后觉得不过如此，并形成"不值得"的观念后，饥饿营销就难以为继。

其次，要引起消费者的关注，利用"皇品牛排"的称谓和"仅售20份"的限制条件引起消费者的好奇，制造顾客跃跃欲试的气氛；

第三，除了店内的宣传，还需要为宣传造势，比如，请本地有影响力的美食公众号撰写文案，让消费者们慕名而来。

技巧二：巧设语言技巧绕过顾客买不买的犹豫

营销故事中曾有一个案例，说的是卖鸡蛋灌饼的店主总是问顾客是加一个鸡蛋还是加两个鸡蛋，结果他家的销售收入是隔壁家生意的两倍不止，这种"二选一"的话语我们同样可以借鉴。比如，当客人双眼总是盯着一件女式上衣打量时，我们就不要用问她是否喜欢或告诉她这件衣服很不错等常规性说话技巧，而要问："您准备自己穿还是买给家人？"这时，对方就极可能会透露更多的信息。经过一番了解后，你再根据其描述推荐符合实际使用者特点的商品，其销售成功的概率就会大大上升。

原理揭秘："二选一"说话技巧之所以有效是因为它运用了心理学中的 **"锚定效应"**（Anchoring Effect），**即人们对某事做出判断时，**

<mark>会容易受到第一信息的支配，就像沉入水底的锚，把人的思维固定在预设的地方</mark>。通过询问这种"二选一"的话语，顾客的思维就会从"买不买"直接锚定成"买哪件"。这就直接绕过了顾客的犹豫，从而进入到挑选的步骤中去。而由销售人员主导的挑选步骤的购买率要比顾客随便看看的购买率高上不止一星半点，如此一来，销售额自然会因为话语的不同而上升。

技巧三：换一种说法使客户认同

有些顾客会觉得某产品价格过高而产生犹豫，此时，销售人员就

认知不协调

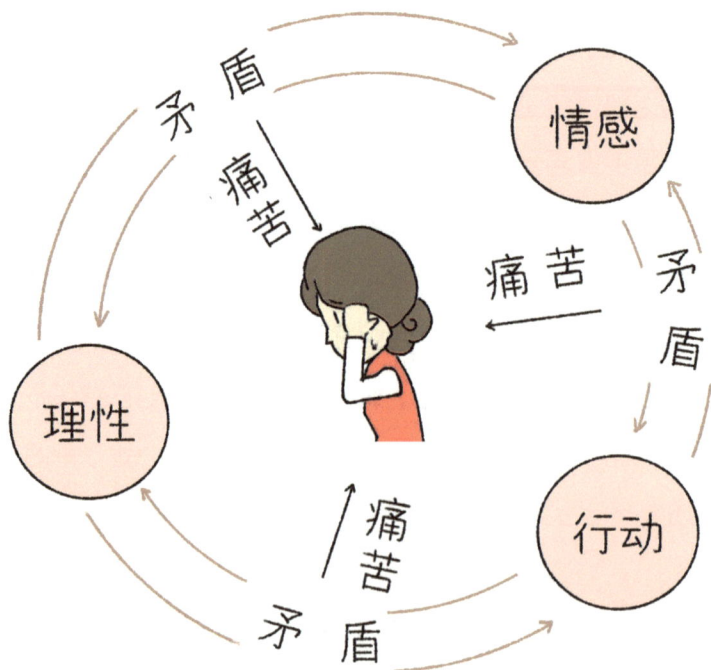

需要通过语言让客户觉得用这个价格购买其实并不昂贵。举例来说，一件质量上乘的品牌大衣售价为800元，客人爱不释手却因价格而感到迟疑。这时如果对她解释说：一件品质优良的大衣至少可以穿10年，平均每年仅需80元，而一件200元的大衣可能穿个1年就损坏了。对比之下，客人就极有可能转变思想，觉得买下它反而为自己节约了钱。

原理揭秘：很多时候，当别人犹豫着不接受一个观点或一样事物是因为他们心中有着矛盾，这就是所谓的认知不协调。他们的情感、理性和行为之中会有一样与其他两者矛盾，因此产生了痛苦和踌躇。而我们销售人员的一件重要的工作就是换一种说法使他们的情感和理性理顺，趋于一致，这样才能促使他们行动：购买我们的产品。

END WORDS

结语

● 销售就是营销过程中连接消费者和商品之间的一座桥梁，销售人员的技巧有助于客户可以顺利、妥帖地走过这座桥。学会以上三种蕴含心理学原理的技巧，并在销售场景中娴熟地运用，你就能成为这座人人都愿意走的桥，不仅能为你带来财富，还能让你体会客户下单所带来的成就感。

增强消费者的自信

- 为什么要增强消费者的自信？
- 消费者有哪些不同的类型？
- 面对各类型顾客，我们应该如何应对？

！增强消费者自信的心理技巧

作为一个销售人员，每天都要接触形形色色的顾客，而顾客的性格和偏好大不相同，因此，如何察言观色、对症下药，通过变换语言的切入点，从而增强消费者的自信，进而把商品卖给不同类型的消费者，就是一个大学问。

本篇，就将从不同类型的消费者出发，为你讲述面对他们，我们分别应该如何应对，从而实现增强消费者自信的效果。

！四种方法应对不同类型的消费者

每个消费者因年龄、性别、性格的不同，对商品的偏好不尽相同。因此，针对不同的消费者，我们就要在充分识别其类型的情况下，有的放矢地运用贴合其内心感受的语言来迎合消费者的真正需求，从而使之增强对此次购买行为的肯定，进而免去我们退换货的烦恼[8]。

类型一：追赶潮流的顾客

这类顾客是消费者群体中的中坚力量，他们往往<mark>随大流，对流行的偏好程度高，喜爱当下盛行的款式</mark>。识别他们的过程其实也很简单，那就是留心这些消费者的服饰装扮是否是当季的流行款，他们的语言是否有比较多的时髦或网络用语。

那么，找到他们归于此类后，我们又该如何与这些赶时髦的顾客来互动呢？答案是用他们喜爱的语言鼓励他们，比如"你真的很有眼光，这款是本季的爆款，买的人最多了"，又或者"这款卖疯了，你的运气真不错，今天才补到货"。当他们听到某种款式是销量冠军时，嘴上未必会说什么，但心理一定十分笃定，因为他们终于买到了自己满意的商品了。

一句话总结：爆款，销量冠军，流行是这类顾客的"毒药"。

类型二：特立独行的顾客

与类型一的那些赶时髦从众者不同，特立独行的消费者要的就是<mark>与众不同，创新、独一无二是他们的最爱</mark>。特立独行的顾客往往会说某件东西"太俗"，某个人"没有个性"，抓住这些关键词，找出他们也不太难。

与此同时，鼓励他们的方法也很简单，比如"你的眼光很独特"，"这件衣服全世界只有一件"，"这件商品已经是孤品了"等说话技巧都能有效地打动他们，促使他们认定自己购买的正确性。

一句话总结：与众不同，创意独特就是特立独行顾客的追求。

类型三：爱面子的顾客

爱面子的顾客往往最舍得花钱，在他们看来==面子问题是天大的问题==。他们往往==身穿名牌服饰，手戴高端名表==。面对爱面子的顾客，不论是流行还是独特都是他们看不上的。

因此，营销人员倘若以"身穿这件大衣，必能彰显您的尊贵身份"，"以这款围脖搭配您的包包，一定可以在您明天的晚宴上把所有人比下去"等语言明示或暗示消费者将会在与人攀比时不落下风，就能在很大程度上使这类消费者从内心肯定了这件商品。

一句话总结：比别人都好，力压群雄，是爱面子顾客的最爱。

四种不同类型的顾客

追赶潮流

特立独行

爱面子

追求实惠

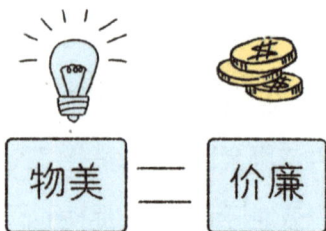

类型四：追求实惠的顾客

另一类十分常见的顾客就是追求实惠的顾客，务实的需求让他们<mark>追求商品的性价比</mark>。相对来说，要从追求实惠的客户身上获取高额收益有一定的难度，但好在这类客户人数较多，获取该类顾客的认可可以以销量取胜。

面对追求实惠的顾客，主要以低价、实用的维度来强化他们的购买意识。比如，"这款是活动商品，买它你就买对了，"您真会买东西，把我们这里性价比最高的买走了"，都能增强他们"买对"的信心。

一句话总结：高性价比永远是追求实惠顾客的不二选择。

END WORDS

结语

●顾客的性格多种多样，但他们往往可以归到以上四种大类之中。只要我们作为营销人员能在顾客购物的过程中准确地判断他们的类型，确认他们的心理需要，我们就能因人而异，以不同的语言增强他们购买的自信，从而不仅能实现成单的结果，更能免去客户买错后悔甚至退货退款的麻烦。

04

让消费者
不后悔

- 什么是营销人员最沮丧的事情?
- 后悔的真相是什么?
- 理清了"后悔"的机理,销售人员要怎么做才能让消费者不后悔?

❗营销人员最沮丧的事情

　　对于营销人员来说,最为沮丧的事情莫过于好不容易卖出去的商品因消费者的后悔而被要求退款。还记得丹尼尔.卡尼曼的"<mark>损失厌恶效应</mark>"(面对等量的收益与损失时,损失给人痛苦的感觉更甚)吗?这同样适用于我们的营销人员。

　　那么,消费者在怎样的情况下会后悔?我们又该怎么做才能让消费者不后悔呢?只有了解了后悔的真相,我们才能有针对性地调整我们的说话技巧和行为模式,从而有效地避免该类事情的发生。

! "后悔" 的真相

　　所谓"后悔"，是指人们对过去所做的选择难以释怀，是对自己当初判断错误的一种自我埋怨和懊恼。

　　在消费者购买商品的场景中，后悔往往发生在金额较大的购买活动中，多是由于信息的不对称造成的"买贵"或"误买"。举例来说，某老年消费者花了 3 000 元够买的 A 型号家用电器，回家后子女在网上一查只要 1 500 元就能买到。这位老年人顿时感觉上当受骗，想要立刻前去

为什么消费者会后悔

befor
¥500

扫一扫
¥300
after

?
没用

退款；又或者当初购买时有好几个型号的电器，只是随便挑选了其中的一种，一段时间后发现这种型号并不合适，因而萌生后悔之意。

无论是以上两种情况的哪一种，我们都能看到，==后悔的出现都与人类内心世界的协调性有关==。面对销售人员推销时，消费者当时的这种协调性无疑是一致的，即无论是情感（喜欢、认同该商品）、理性（觉得商品有用且价格合适）都促使消费者最终做出购买的行动；而一段时间后，无论是后来的信息被补充完整，还是对商品有了进一步的认识，导致的感情或理性方向的偏转都将直接导致后悔的产生，即所谓的认知不协调的发生。看清了后悔发生的机理，我们又该如何采取有针对性的措施呢？

！让消费者不后悔

利用信息不对称的价格欺诈显然是不可取的。不过，为了使消费者在购买商品后的一段时间内依旧保持认知的协调性仅仅做到"不欺诈"显然是远远不够的。因此，从顾客的角度出发，作为销售人员，我们为了预防后悔的发生，除了可以实施相同品牌相同型号"买贵退差价"的政策给消费者安心之外，在使用之前还必须不停地针对客户的需求强化商品的有用性，强调我方商品与其他一般商品的差异性，给顾客充分挖掘商品的信息和价值，认为自己的选择是正确的，是物超所值的。

举例来说，当销售人员了解到一位年轻顾客期望一边烧菜一边能听学习类音频获取知识的需求后，立刻向他推荐了"超静音"脱排油烟

机。这类产品虽然要比同类产品价格高出20％，但它却能切实满足这位
用户的需求（毕竟传统油烟机的工作噪音极大）。一年下来，能为用户
积累超过400小时的学习时间。换言之，平均每小时仅1元，就能在为家
庭烹饪菜肴的同时，享受学习的乐趣。顾客听了销售人员的分析，自然
会对他所推荐的商品赞赏不已，不但付款成交理所当然，使用之后更能
让他笃定自己买对商品的想法。如此一来，顾客的情感、理性和行为始
终趋于一致，认知趋于协调，后悔之意就毫无生存的空间了。

END WORDS

结语

●销售人员表面上看起来是因卖出商品而存在，而究其实
质却是顾客与商品之间的一根重要纽带。这根纽带所起的作用
之一就是在充分了解顾客需求之后找到符合客户期望价值的商
品，让客户在价格可以接受的情况下，了解商品将如何满足他
们的需求，从而既帮助顾客买到称心如意的商品，也能达成自
己的销售目标，实现彼此的双赢。

让顾客
买了又买

● 相比于项目的成功，什么才是营销的成功？

● 为什么第二件半价会吸引很大一部分人前来购买？

● 满100送100元购物券和直接打5折相比哪个更好？好在哪里？

！营销的成功是持续的
　现金流入

　　营销的成功和项目的成功有着极大的差异。后者仅仅是一次性任务，做成了即可宣告胜利；而营销则不同，其成功需要的是一种源源不断的现金流入。因此，营销人员重要的任务之一就是增加消费者追加购买的可能性。

　　那么，为了实现这一目标，我们又应该如何设计营销方案呢？本篇将以此为话题为你介绍富含心理学的营销方案，希望对你有用。

！追加购买可能的
　营销心理技巧

营销心理技巧一：第二件半价

　　第二件半价的营销手法实际是对人类心理满足感中"边际效益递减"的一种补偿。

所谓"边际效应递减"（The law of Diminishing Marginal Utility），<mark>是指人类在需求得到一定的满足后，继续享用同类供应时，其内心的满足感会持续降低</mark>。讲得通俗点，就是人在极度饥饿时吃第一个肉包的满足感最强烈，第二个次之，而当吃到第七个包子时，可能非但不会带来满足感，甚至会觉得很难受。

而第二件半价的营销心理术旨在通过第二件商品价格的降低，来弥补顾客购买另一件同类商品而产生的满足感降低的损失。只要半价后的售价高于其成本，那么多卖出一件商品就能获得多一份的利润。

边际效应递减

满足感

同类供应

> ❶ 当人的需求得到一定满足后，继续享用同类供应时，其内心的满足感会持续降低。

营销心理技巧二：满100送100元购物券

比之于直接在商品的价格上打5折，为什么满100元送100元购物券的这种营销心理技巧会更受到营销人员和消费者的青睐呢？

从营销人员的角度来说，"满送券"的方式不但噱头十足，而且还能在顾客不知不觉的情况下增加销售额。比如，客户本来要买一件90元的商品（假设货品成本均为售价的1/3，即30元），如果直接打对折，我方的销售收入仅45元，利润为45-90/3=15元；而采用"满送券"的方式，客户为了得到100元券会想方设法去凑单，从而满足超过100元的条件，如此一来，我方的销售收入就是100元，卖出的是名义售价总额为200元的商品，其成本是200元的1/3，即66.6元，故实际利润则为100-200/3=33.4元。两种营销方式，利润竟然相差一倍有余。

另一方面，从消费者心理的角度来说，收益和损失分别属于不同的 心理账户（Mental Accounting）。芝加哥大学行为科学教授理查德·塞勒（Richard Thaler）1980年的研究显示，由于消费者心理帐户的存在，个体在做决策时往往会违背一些简单的经济运算法则，从而做出许多非理性的消费行为。

"得到券"属于"收益"的心理账户，因为花了100元又立刻会"赚进"100元的消费券；而仅仅打5折却是实实在在地让顾客将真金白银往外掏，没有任何名义上的收获，这类打折消费自然就落入了"损失"的心理账户。两相比较之下，在"满送券"营销心理技巧的帮助下，消费者虽然为了凑单花了更多的钱，却因此得到了更多的快乐。难怪消费者会乐此不疲，买了又买呢。

心理账户

营销心理技巧三：限时购买享优惠

很多商家为了销库存，迅速回笼资金就会采用降价销售的手法，但这么做的后果不但伤害了产品在消费者心目中的形象，而且未必能立刻激发消费者的购买欲望，使之做出我方期望的下单行动。

这时，限时购买享优惠就是一个非常有效的策略。比如，某原价为1899元的平板电脑在其宣传广告中广泛告知，在某日中午12:00~12:03分通过网络下单，就能以1498元的超优惠价格获得该产品，结果当天在这仅有的3分钟内，就狂销数千台。

限时购买享优惠的底层原理在于人类心理中，稀缺性对人们具有极强的说服力。心理学家沃切尔·李·阿德沃勒等 3人曾在1975年设计过一个请受试者评价巧克力饼干口味的试验，第一组的饼干盒中装了10块巧克力饼干；第二组则仅装两块。结果，尽管两组的饼干毫无差异，但第二组对饼干美味程度的评价却比第一组要高出整整一倍。这一试验在很大程度上向我们展示了稀缺性对人们影响的判断。

END WORDS

结语

●不同的产品有各自合适的营销方法。从以上三种营销心理技巧中选择适合你所负责产品的办法，在使用中做一定的改良和优化，你就能有很大的机会在此过程中不断地积累用户，形成这种源源不断和持续增长的现金流，真正地实现顾客买了又买的滚雪球式营业增长。

06 消费欲望减弱的心理

- 人们的消费欲望会随什么而发生变化？
- 什么是关键字营销？
- 诱饵营销要怎么做？

！消费欲望的变化

　　有经验的营销人员都有一个共同的认识，那就是在不同的经济大环境下，消费者们的购买欲望是迥异的。这其实也十分好理解，在经济的上行期，人们的可支配收入逐年增加，逐渐鼓起的荷包催促着人们为家里添置更多的物品，甚至购买奢侈品也会被认为是一种投资；相反，在经济的下行周期中，消费者在购买商品时就会开始谨慎地考虑经济得失，思考每一项购买行为背后的合理性。

　　当经济处于下行环境时期，消费者普遍的出现消费欲望减弱的心理。营销心理学的学习者可以此为依据，开始着手制定有针对性的营销策略。

151

！消费欲望减弱心理下的营销策略

策略一：关键字营销

正如家里有人怀孕时，你就会留意其他孕妇。而在经济下行时期，人们的心里都在考虑如何为家庭省钱，怎样做一个"会买东西"的主妇。因此，倘若你在营销自己的产品时，多以"省钱""理性消费""聪明主妇"等为作为主要营销关键词进行宣传推广，就会更容易让你的目标受众留意到你的产品，从而在市场份额的争夺战中占据有利的地位。

心理投射

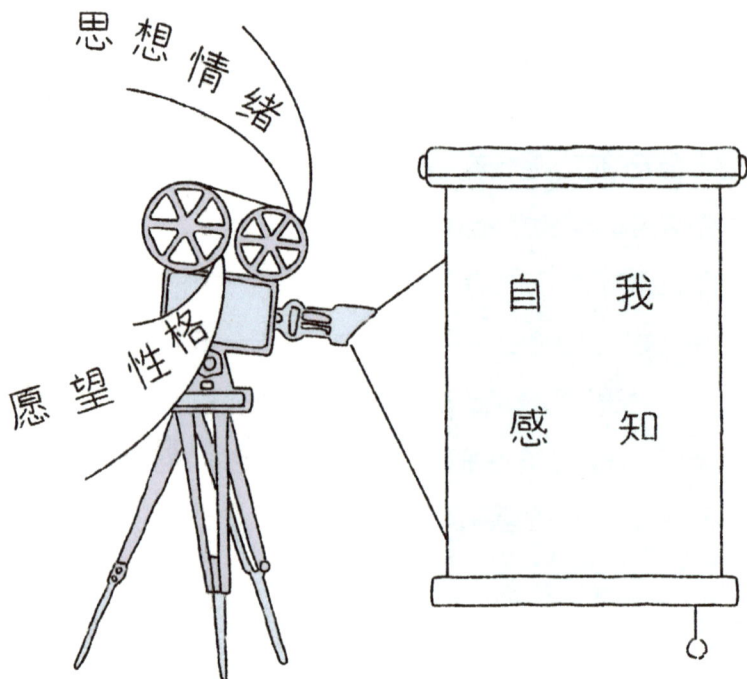

思想 情绪

愿望 性格

自我 感知

原理解密：人们心里在意什么，就更容易关注什么，这在心理学上被称之为"<mark>心理投射</mark>"，<mark>即人们会无意识地将自己的思想、态度、愿望、情绪、性格等特征，反应到外界事物之上，形成一种独特的，以自我认知为主的感知</mark>。比如，面对天空上的同一片云，心理积极的人会觉得它像一只兔子，心理阴暗者则往往会认为像一头怪鸟。

策略二：诱饵营销法

美国斯隆管理学院行为经济学教授《怪诞行为学》的作者丹·艾瑞里（Dan Ariely）曾在该书中介绍过下面这个面包机的故事。当时有一家公司首次推出了面包机这种新产品，每台售价为275美元，高昂的价格使销售业绩惨淡不堪。人们普遍在想，与其花如此多的美元购买面包机，为何不买精致的咖啡机呢？为了拯救这款产品，该公司请来了一家营销公司。营销公司提出了一个令人侧目的补救办法：再推出一款容量增加50%但售价再高一倍，高达400美元的新款面包机！结果正如期待所料，虽然新款面包机依旧销量惨淡，但275美元的旧款却成了当年的爆款产品[3]！

原理解密：旧款面包机的大卖得益于营销公司巧妙地设置了诱饵，而这种营销手法也被后世的营销心理学专家们总结为"<mark>诱饵效应</mark>"（Decoy Effect），<mark>即在购物场景中，人们会因为新选项（诱饵）的加入，而觉得旧款更有吸引力，更具性价比。</mark>被"诱饵"帮助的旧款则往往是我们营销人员期望大卖的"目标"产品。

如果留意饭店的菜单，也往往会有类似的设置：总有一款价格高得离谱的菜品（诱饵），用来烘托老板最想卖的第二贵（目标），从而让你觉得"目标"菜品是多么的具有性价比。因此，在经济下行期，诱饵营销法往往能使人们产生"做出了理性购买"的感觉。

策略三：秒杀营销术

移动互联时代，为了省钱，人们往往会对各种0.01元抢购的秒杀活动特别感兴趣。然而，秒杀活动的目的是为了让消费者更多地关注我们的产品。通过设置整点秒杀，消费者会对秒杀的规则以及我们的产品，在活动开始之前反复阅读。这就能在潜移默化中增加消费者对我方产品的观感，以致即使在秒杀活动中失利（数量有限，绝大多数的秒杀顾客

纯粹接触效应

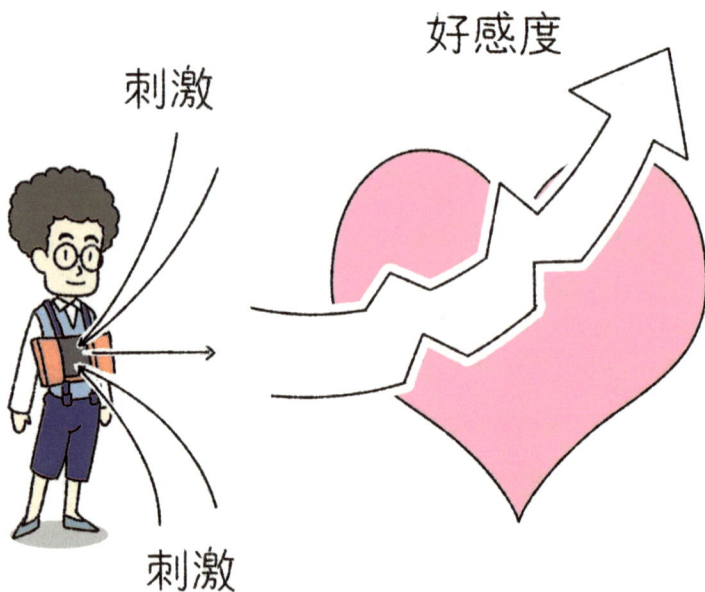

刺激

好感度

刺激

❶ 在外界的刺激下，仅仅次数的增多，个体就会对该刺激产生好感。

必然会失利），但在同类商品的比较和选择中，使消费者在今后的购买决定时会更趋向于选择我方的产品。

原理解密：反复阅读，多次出现，这就符合了"纯粹接触效应"（Mere Exposure Effect）的前提条件。纯粹接触效应，即在某一外界刺激之下，仅因呈现次数的增加，个体就会对该刺激产生好感。例如，在超市中购物时，我们往往会在同类商品中选择熟悉的产品。

END WORDS

结语

● 天下没有难做的生意，只有不愿动脑筋、想办法做成生意的人。虽然经济整体下行的确会促使消费欲望的减弱，致使整个消费市场呈现一定规模的萎缩。然而，只要依靠一定的营销心理技巧，我们依旧可以维持甚至扩大在此大环境之下的市场份额。

07

商品不需要品质过剩

- 什么是商品品质的过剩?
- 为什么成功企业会生产品质过剩的商品?
- 什么是"路径依赖效应"?

！商品不需要品质过剩

A、B两款手机,其硬件配置和其它参数几乎完全一样,仅质量不同。A款手机,售价4 000元,质量保证10年;B款手机,售价2 000元,质量保证5年。我估计包括你在内的绝大多数消费者几乎都不会去选择A款手机。但你可能会问,真的有那么愚蠢的产品设计经理会推出品质如此过剩的商品吗?

2010年,正当各大手机运营商聚焦于苹果和安卓等智能手机领域时,当年的手机巨头之一摩托罗拉却依旧把注意力放在如何提升质量的升级上。时任首席执行官的丹尼斯·伍德赛德在手机产品"更新"还是"更好"上,选择了一条与苹果、安卓完全相反的发展道路。时至今日,诸如MOTO X极,售价5 000多元,能承受从60层楼的地方摔落,屏幕依旧完好无损(仅在上角有一点裂痕)的机型仍旧在被推出。如今,这个昔日的手机巨人却已沦落为鲜有人问津。

无独有偶,日本白色家电制造业也在过去5年里遇到了相同的困境。

包括夏普、索尼、东芝、富士通等家喻户晓的知名品牌在内的诸多日本白色家电企业，其市值截至2016年底，已经蒸发了将近2/3有余。

显然，当越过了一定的基线之后，"高品质"已经不再是顾客感兴趣的唯一对象，企图通过一味提升消费者不需要的品质来增加销量的做法并不是明智之选。

！我们需要克服怎样的心理障碍

如此浅显易懂的道理，显而易见的"品质陷阱"，为何这些世界500强的大公司会一头栽进去而不自知呢？其中的关键在于，企业的领导层未能克服一种被称之为"路径依赖效应"（Learning Effect）的心理学障碍。

所谓"路径依赖效应"，就是指人类发展的技术演进或发展之道会出现类似于牛顿第一定律中的惯性，即一旦进入某一路径（无论是好还是坏）就可能对这种路径产生依赖，人们一旦做出了某一种的选择，就会由于惯性的力量使这种选择不断地被强化，以致很难走出去。

为了证实这种路径依赖自我强化的确存在，心理学家曾将一群猴子放进笼子，并在中间挂一串香蕉，每当其中有猴子企图获取香蕉时，实验人员就用高压水枪教训所有猴子，直到没有猴子敢动手。之后，用一只新的猴子替换其中的一只，新来者不懂这里的"潜规则"，企图伸手触碰香蕉。这引来了猴子们的众怒，并殴打新猴子，直到它"懂规矩"

路径依赖效应

> ❗人一旦进入某一路径，就会对该路径产生依赖，一旦做出选择，由于惯性，选择就会被强化。

为止。实验人员逐步替换所有用高压水枪教训过的猴子，最后笼中的猴子是全新的，但却没有一只敢触碰香蕉。

最开始，由于实验人员的介入，猴子害怕受到"株连"的惩罚，而之后没有人和高压水枪的干涉却依旧发生了猴子们的"自我治理"。这就证实了路径依赖效应的确会发生自我强化。

而在企业的发展中，过去走错路径的企业早已纷纷倒闭，而走对路径，并持续从中不断获利的企业有些就成长为了我们世人眼中的世界500

强企业，其中的一些就如前文所述，在旧时代靠着优良的产品品质，获得了消费者的认可，取得了骄人的成绩。但正所谓"成也萧何，败也萧何"，由于路径依赖心理的自我强化，这些企业在这条路径上持续走下去，盲目地追求过剩的品质却成为了他们在新时代的梦魇。

破解路径依赖有方法

正所谓"低头赶路，更要抬头看路"。在做新产品设计时，一味地站在企业的角度假想消费者需要更高品质的商品显然不是可取的做法。因此，破解路径依赖的最好方法就是通过市场调查真实地了解消费者需要的品质追求是什么？

比如，手机企业可以通过大数据了解普通大众多久会更换一次手机，然后以此时间作为产品品质可靠性设计的依据，平衡好价格与品质之间的关系，从而提供给消费者一个品质和价格都容易被接受的产品。

END WORDS

结语

● 作为战斗在第一线的营销人员，是嗅觉最灵敏的排头兵，可以从销售数据中提出合理假设开始，与产品的设计经理探讨本产品是否正处于路径依赖之中，是否存在品质过剩的可能。一旦意识到这个问题，任何聪明的产品经理必然会有所醒悟，重新审视消费者真正的需求，从而为曾经辉煌过的产品注入新的活力。

08

再等一下的心理

- 什么是企业在市场竞争中的难题?
- 怎样让观众在连续剧插播广告时不换台?
- 怎样才能让消费者心甘情愿等你的新产品发售?

！ 让消费者再等一下

　　正如电视台无法让所有的观众都同时观看一个频道的影视剧，任何企业也都不可能在所有的时间独占整个市场的份额。在竞争激烈的市场中，如何让消费者不断地购买自己所生产的新一代产品？怎样让消费者在本企业产能有限的情况下愿意等待而非立刻转投其他商家的怀抱都是困扰每一个营销从业者的难题。

　　本篇就来为你说说——营销人员可以依靠怎样的心理技术让你的受众心甘情愿的为你等待。

！ 让客户心甘情愿等待的三种心理学技巧

技巧一：让顾客在等待时有事可做

　　在餐饮行业，有一个最大的难题，那就是非用餐高峰时段，店内往往门可罗雀；而到了餐点，又出现大量食客蜂拥而至，商家就不得不面临餐桌不足，产能不够的窘境。面对大量的排队用餐者，不少顾客就转而前往其他店铺用餐了。每个月累计下来，这可是一笔不小的销售额损失（Revenue Loss）。很多餐厅束手无策，但有些深谙顾客等待心理学的餐厅就想出了妙招：他们在顾客等待用餐区域设立了棋牌桌，游戏区甚至免费的女士美甲服务。如此一来，顾客们在不知不觉中就等到了自己的座位，商家也得以从中保留了这部分"愿意"为之等待的市场份额。

等待心理

1.无事可做时，等待的时间过的很慢。

2.有事可做时，等待的时间过的很快。

等待心理解密：1984年，心理学家戴维·马斯特（David Maister）经过一系列等待排队心理的实证研究后，发现了一个人类==心理感知上的秘密==，那就是==无所事事的等待比有事可干的等待感觉要长==（Unoccupied waiting feels longer than occupied waiting）。根据这一原理，要想让消费者等待的感觉缩短，用棋牌、游戏、免费美甲服务"栓住"顾客，让顾客"有事可做"。

技巧二：让顾客的等待有心理预计

只要去过法国巴黎的凡尔赛宫，你就会发现参观的队伍虽然排得老长，但所有游客都井然有序，不焦不躁。其中最起作用的一个设置就是每隔几百米就会出现一个标识牌：你仅需排队等待15分钟、10分钟……

这是工作人员通过大量的实践得出结论后设置的标识。看了这些标识游客们仿佛吃了一粒定心丸，等待的时间感就不再那么长了。目前这项心理术已经被推广到"迪士尼乐园""环球影城"等各大需要大量等待的娱乐场地中。无独有偶，从某一年开始，曾经被国人诟病的"连续剧里插播广告"也开始使用起了这贴心的心理技巧：每次广告开始后，电视的右上角就会出现一个"119秒后马上回来"的标识。实践证明，仅仅使用这一招，电视的换台率就大幅下降。

等待心理解密：同样出自马斯特教授的手笔，即==不确定的等待比已知的、有限的等待时间更长==（Uncertain waits are longer than known, finite waits）。

通过让等待的时间可视化，有效地平复了顾客的焦虑，从而有效提高消费者对服务的满意度。

技巧三：让客户为产品的高价值等待

每一次，某著名智能手机新一代产品谍照在网上出现时，就必然会激起粉丝的争相评论。这些新出现的黑科技信息吊足了粉丝的胃口，使他们翘首以盼，期待能早日买到最新款的心仪产品。

而即使是一般的普通品牌，现在也逐渐学会了适时做一系列更新，并在产品发布之前，早早地公布新产品最大的卖点，从而让消费者暂时抑制住购买其他品牌类似产品的冲动，产生再等一下的心理。

等待心理解密：这项举措符合了马斯特等待心理学的另一条结论，即服务的价值越高，人们愿意等待的时间就越长（The more valuable the service，the longer people will wait）。

学会使用这一原理，在新产品发布前，在营销信息中重点突出本产品有别于竞争品的高价值，消费者就有极大的概率心甘情愿地等待。

END WORDS

结语

● 产能的有限、商业的盈利模式以及市场的竞争必然会导致消费者的等待。如何改进消费者等待的体验，缩短等待的心理时间是我们作为营销人必须要做的功课之一。掌握以上三种等待心理学的技巧，把它们活用到日常的工作中，必然能助我们守住更多的市场份额，为企业销售额的提升起到关键的作用。

09 如何区分不同类型的消费者

- 我们应该怎么看待老顾客的流失?
- 消费者应该如何来区分?
- 怎样有效地制定针对不同类型消费者的营销方案?

！营销中的 疑问

在具体的营销过程中，我们会遇到看似令人不解的问题。例如，你的某款牙膏产品无论从功效、产品设计，还是包装甚至价格上，都做到了你能做到的极致，但你会发现市场调查所反馈回来的数据总会出现老顾客的流失。又如同样是老坛酸菜口味的方便面，一部分人会盯着你的品牌购买，但也总有另一部分人虽然也喜爱你的产品，但依旧会尝试其他的品牌。这些都是为什么呢?

这些在营销心理学里都有答案，因为它不但会告诉你消费者为什么会这么做，还会告诉你消费者是可以被区分的。

！消费者的 四种区分

消费者的区分方式有很多，但从最常用的区分模型来看，我们可以从"**选择多样性**"和"**讲究程度**"**两个维度把消费者们分为四种类型。**

下面就来为你具体说说他们的特点以及我们可以采取的有针对性的营销

方案。

类型A：不讲究——多样性消费者

类型A的消费者对商品的品质不敏感，但**他们却是一群爱"猎奇"**

的"好奇宝宝"。依旧以方便面市场为例。这类顾客只要在超市中看到

新品牌、新口味的方便面，就会按捺不住尝试的欲望，想要率先品味一

番，即使这次上当，尝到味道一般甚至不好的口味，依旧会在下次他没

见过的产品出现时继续做一个"勇敢的吃螃蟹"的人。

消费者的四种区分

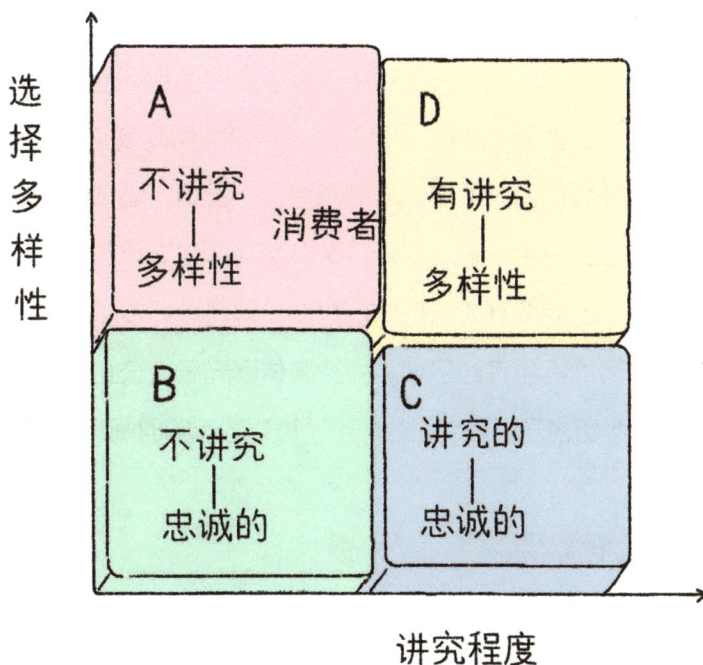

针对性营销方案：由于新品种符合A类消费者的需求，所以如果企业的产品主要针对这一细分市场，就应该尽可能地增加子品牌的种类，不断地在市场上更新产品的口味、包装设计和商品名称，尽可能地满足他们猎奇的偏好。如此一来，就算他们在不同的品牌和品种中做选择，其市场份额依旧会落入我们的口袋。

类型B：不讲究——忠诚的消费者

这类消费者是我们最喜爱的顾客，他们虽然<mark>对产品的品质要求不高</mark>，但由于某些情感或习惯因素（比如，童年时期父母用惯了我企业的品牌；又或者由于我产品价格上比起其他品牌略低），而成为了我们忠实的粉丝，每隔一段时间就为我们的销售额做一次贡献。

针对性营销方案：以不变应万变是抓牢B类消费者的关键。由于他们用惯了我们的产品，倘若我们盲目创新或为了降低成本改变了其中的输出感受（如口感、触摸感等使用体验）就会伤害到他们。比如，某知名咖啡生产企业曾在20世纪中叶为了进一步地削减成本就使用次一等产地出产的咖啡豆代替了阿拉比卡咖啡豆。一开始，喝惯该品牌咖啡的消费者们并未立即品尝出来。公司觉得有利可图在次年故技重施，选用了更次一等产地的原料并如法炮制。很快，消费者们发觉口味变化后纷纷表示失望，转而购买其他品牌。而被媒体曝光后，该企业不得不改回最初的原料，但伤害已经造成，公司用了长达数年的时间方才恢复元气。

类型C：讲究的——忠诚的消费者

我们把C类消费者称之为意见领袖。由于他们<mark>对商品的品质有追求，而且是某类产品的忠实粉丝</mark>，所以他们会在使用的过程中有意无意地体现自己使用该产品的优越感。这种优越感的体现犹如"病毒式营销"一样会迅速在该类消费者的人际圈里传播，会促使除B类之外，其他类型的消费者纷纷尝试甚至购买我们的产品。

针对性营销方案：既然拿下意见领袖是我们的目标，而讲究的消费者对价格的敏感性又偏低，那么我们在产品的每一个细节上就要下足功夫。虽然并非不计成本的与品质死磕，但质量过关仅仅只是基本条件。在产品、包装乃至服务环节的设计上，都是我们需要持续改进的重点。以餐饮行业举例，同样是吃火锅，某品牌企业在小孩子在场的情况下就能做到主动赠送玩具，有人过生日时还会赠送蛋糕给顾客一个惊喜，

针对性营销

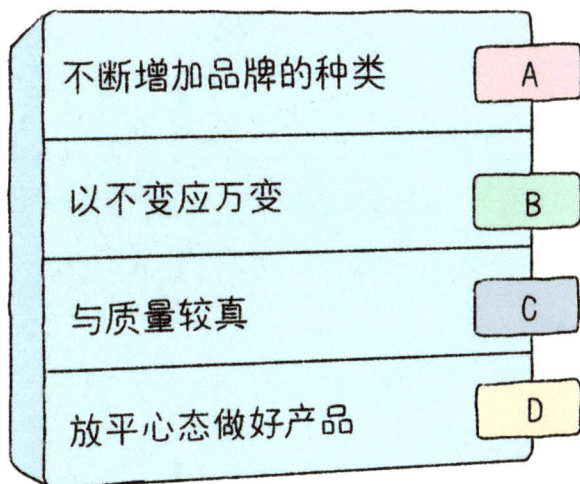

不断增加品牌的种类	A
以不变应万变	B
与质量较真	C
放平心态做好产品	D

毫无疑问这些做法牢牢抓住了C类消费者，甚至成为北大、清华商学院（MBA）教授博导研究分析学习的对象。

类型D：有讲究——多样性的消费者

D类消费者可以说是最难吸引的消费者。首先，如果你的产品品质一般，他们会不屑一顾；而纵然你的产品品质卓越，他们也会在使用后投入其他高品质同类品牌的怀抱。可以说，D类消费者是一种在高品质产品中游离不定的一类。他们会在追求使用体验的过程中，通过不断地尝试来满足他们的新鲜感。

针对性营销方案：与他们打交道，要学会放平心态，由于他们总会离开，做好自己的产品本身就是最有效的方案。

END WORDS

结语

●在把消费者做了有效分类之后，我们就可以自信地放弃不属于我们的干扰选项，以理性和果断的战略思维选择自己所要主打的目标细分市场，把资源和注意力做到有效的调配，并在这种自上而下，以战役、战术配合营销战略的整体性思维下，夺得属于我们的一块市场份额。

有选择性的商品

- 什么是现代消费者选择产品的底层心理?
- 怎样理解商品的类似性和差异性?
- 如何用产品维度构建产品的差异性?

！时代一直在改变

现代社会的商业结构已经从物资匮乏年代的供不应求，转变为如今供大于求的产能过剩时代。随着商品种类的日益丰富，消费者在做购买决策时也会相应地面临更多选择。比如，家里要更换一款脱排油烟机，在网络上简单搜索后会发现，油烟机不但品牌多达几十种，而且每种品牌下面也有各种型号。如此一来，将近数百种不同的脱排油烟机简直就让消费者们挑花了眼睛。

竞争如此激烈，如何让消费者在面临选择时挑选我们的产品？这就需要了解他们在选择商品时的底层心理。这种底层心理一般会遵循两个基本点，我们把它称之为商品的类似性和差异性，下面就来为你具体说说。

商品的类似性与差异性

商品的类似性就是指同类产品中，为满足消费者基本需求而产生的优点或特性。以前文提到的脱排油烟机为例，大部分消费者就会选择吸烟能力强劲或其他优点的产品，那么这些优点就是属于这款产品的类似性。

然而，类似性只是基础，光有类似性是不足以吸引顾客青睐并购买我方产品的。这时，差异性才是营销攻心的真正关键。

那么，什么又是差异性呢？

所谓差异性就是指区别于同款产品基本特征的突出特点。这种特点会让商家作为营销的切入点，成为让消费者购买的闪光点。比如既满足消费者基本需求的同类商品，又能在价格上有优势，如此一来，极高的性价比就是这款商品的差异性。又如某智能手机虽然价格偏高，但它却能通过每次的更新迭代做出创新，能够引领时代的潮流，那么创新程度就是该品牌智能手机的差异性。

既然差异性如此重要，我们又该如何思考和挖掘本企业产品的差异性，从而让我方产品在销售额和市场份额上独树一帜呢？

用维度构建产品差异性的二步法

第一步：挖掘维度

任何产品都有可供评价它的维度。作为营销人员，我们就要设法挖掘出这些可供做文章的维度，从而为实现产品差异性提供思考的角度。

以餐饮行业为例，我们至少可以罗列出五大维度：价格、口味、服务、环境、创新。再以家电行业为例，我们也能挖掘出价格、产品质量、使用体验、售后服务等不同维度。

第二步：结合实际优势，找到突破维度

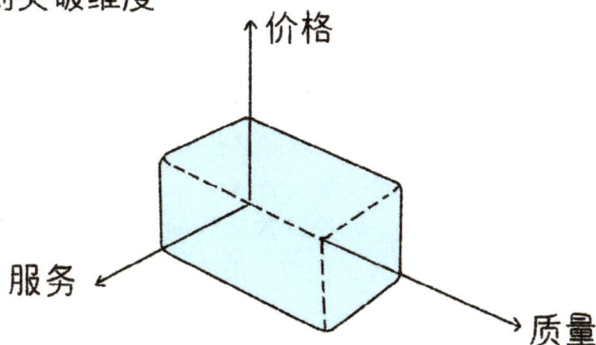

每个企业都有自己的优势，充分地发挥这些优势，把自己做得最好的特点发挥到极致，就能有效地落实产品的差异性，从而为我们获取超额收益提供有利的竞争武器。

用维度构建产品差异性

挖掘维度

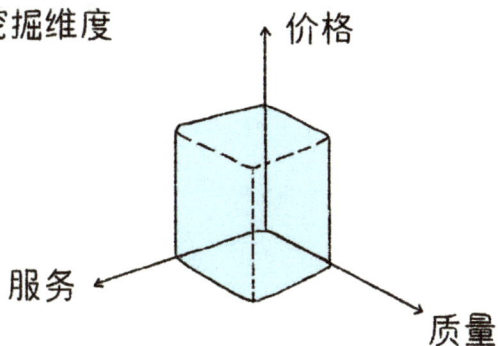

找到突破维度

比如某火锅企业，作为餐饮行业的一员，其产品的价格偏高、口味一般、用餐环境也仅仅只达到了中等偏上的门槛。然而，他却以其极致的服务体验和创新的服务方式获得了绝大多数顾客的认可，在火锅行业成为了名副其实的龙头企业。

案例维度的分析：价格3分，口味4分，服务5分，环境4分，创新5分。

上述案例企业用两大维度的极致差异获得竞争中的优势，而哪怕仅仅是在这些维度中做到单点突破，也能令企业的产品在激烈的市场竞争中独占鳌头。比如，某品牌极静型脱排油烟机在价格、产品质量、使用体验、售后服务等四大维度中，以安静到极致的用户体验作为其主要卖点，充分地满足了家庭主妇在烹饪菜肴时因噪音听不清家人说话的痛点。充分宣传后，顾客自然用钱投票，为该产品的差异性买单。

案例维度的分析：价格3分，产品质量4分，使用体验5分，售后服务4分。

一起讨论你感兴趣的话题吧！

职场与人际关系是我们很多工作人士每天要面对的场景，是否能处理好这些关系，与别人相处融洽，都是值得探讨的课题。

当然，如果有其他的问题，也可以扫描左边的二维码，进入讨论群，有专家和学者会耐心解决大家的疑惑。

第 5 章

需要识别的营销诈骗

你相信你自己的大脑吗？你见着的、听着的一定就是真的吗？

心理学本身没有正确错误之分，

然而却有别有用心的人拿来误用，因此，

我们应该擦亮眼睛来识别那些营销的诈骗。

不要被虚拟的人迷惑

- 网络诈骗是怎么让受害者乖乖交出财产的？
- 什么是网络诈骗的典型手法？
- 网络诈骗中蕴含着什么心理学技术？

！都是空虚惹的祸

Terry婚后精神世界空虚，一次，一位自称Lisa的女大学生，添加了Terry为微信好友，并在数次聊天过程中，Lisa虽然得知Terry已婚，却依旧暗示他，自己希望找一个情人，并宣称不影响彼此的个人生活。这种说法正中Terry下怀，当下就表示愿意成为Lisa的情人。

之后的几次聊天都很愉快。有一天，Lisa提出，如果Terry有足够的诚意，就应该向她发一个红包作为"诚意资金"。Terry二话不说，立刻给Lisa发去一个200元的微信红包。Lisa也回以一段甜美的语音："你是第一个给我存诚意资金的人，我很开心哦。如果你再给我转账一笔钱，具体数额我不讲，体现你的诚意，那我就不再找别人了哦。"

反复听着这甜如甘怡的语音，看着微信上Lisa可爱的头像和姣好的容颜，Terry又给Lisa银行卡转账了1000元。对方回复"你太小气了"，又接着一个笑脸表情。就这样，从几百到几千，Terry在认识Lisa的一个月内就给她累计转账了2万多元。

某日，Terry再次汇款5千元给Lisa时，Lisa让Terry转账5万以表诚意，然后约定一个地点见面，碰头后可以奉还这笔钱。Terry考虑了一上午，咬咬牙打给了Lisa。

万万没想到的是，从此之后，Lisa突然人间蒸发，再无回音。Terry确定自己受骗后，也不敢声张，因为事情如果败露，还会曝露他婚内出轨的意图，只能打落的牙齿往肚子里吞，摸摸鼻子，当什么事都没有发生。

！网络诈骗手法
揭秘

Terry遇到的骗子属于典型的网络诈骗。他们利用男性寻求刺激的心理，逐步地从小额资金到大笔转账，循序渐进地利用心理技巧让人一步步陷入他们事先规划好的陷阱，具体的套路如下。

（1）网络诈骗者会把自己的微信头像修改成颜值极高的少女。

（2）广撒网，找到那些愿意加为好友并交谈的男性。

（3）以成为对方的情人为诱饵，先撒娇骗取男性的小额现金。

（4）用甜美的语音或发几张生活自拍照给男性一点甜头。

（5）通过屡次说小气让男性产生愧疚心理，从而抬高转账金额。

（6）以见面为条件，并声称碰头后悉数奉还为诱饵，卸下受害者的心理防备以捞取最后一笔大金额转账，从此之后销声匿迹。

诈骗者们往往会挑选已婚男性的原因有以下几点。

（1）已婚男性更容易空虚，更愿意寻求刺激。

（2）财富积累较多，得手后收益相对较大。

（3）一般涉案金额较少，事发后对方会顾及婚姻稳定性而往往不敢报案。

在同时发展几位甚至十几位男性受害者之后，短短数月之内，她们的诈骗金额可以达到几十万甚至上百万元人民币。

网络诈骗手法

美女　加好友

1.用美女头像加微信好友。

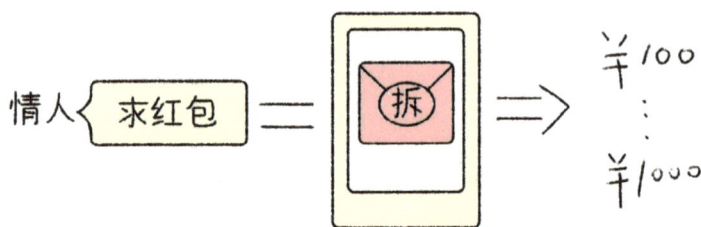

情人 求红包 ＝ 拆 ➡ ￥100 ⋮ ￥1000

2.成为情人，骗取小额现金。

索要　见面　陷阱

3.以见面为由索要一大笔现金，并声称见面后奉还。

网络诈骗中蕴含的心理技巧

为什么这些男性会乖乖地给陌生人转账，而且累计金额可以高达几万元？这里，我们之前讲过的心理学原理——"登门槛效应"在起着至关重要的作用。

我们先来复习一下"登门槛效应"（Foot In The Door Effect）：又称"得寸进尺效应"，是指一个人一旦接受了他人的一个比较小的请求后，为了避免自己认知上的不协调，或想给他人以一种前后一致的印象，就有很大可能接受更大的请求。犹如登门槛一样，一级台阶一级台阶地登上去，最后顺利地登上了高处。

在前文的案例中，Terry在听到Lisa的第一个要求：发一个微信红包时，本能地觉得微信红包的上限为200元人民币，即使损失也并没有什么大不了的，因此二话不说，立刻就发了过去。而作为诈骗者Lisa也立刻以柔软的声音继续对Terry下药。为了使自己的形象保持前后一致，Terry内心虽有犹豫，却依旧给Lisa转账1 000元。

随后的情节其实就与之前事情的发展如出一辙了，陷入了登门槛心理情境中的Terry自然一步步越陷越深，直到最终，对方人间蒸发方才醒悟过来。

心理学的误用

值得一提的是，所有的欺骗是对心理学的滥用。心理学就仿佛是一把榔头，学习者用来敲钉子、组装物品就把心理学用上了正道；而倘若拿榔头用来敲人，危害到他人的人身财产的安全，则把心理学使用在了歧途。

因此，心理学本身并没有欺诈的成分在里面，而本章包括本节在内的9篇诈骗心理学，其目的在于通过向大家展示典型的诈骗形式及其背后隐藏的心理学原理，让我们在人生的道路上比较容易地识别出这种心理学的滥用，从而有效地避开它们，进而让我们走稳、走好人生旅途。

END WORDS

结语

●学习营销心理学，并了解和掌握各种心理技巧及其典型案例后，我们就能在事情发展伊始，就发现诈骗者的马脚，从而防止自己和身边的人成为又一个网络诈骗的受害者。

天上不会有
免费的馅饼掉下来

● 典型的旅行诈骗是怎么回事儿?

● 旅行诈骗是怎么一步步引人入瓮的?

● 旅行诈骗暗藏着怎样一些组合心理技巧?

！被包装的
旅行诈骗

旅行本来是一件愉快的事情，能够放松自己，释放工作压力。然而，不少人却落入了旅行诈骗的陷阱，把原本一场快乐的体验演变成一次"终生难忘"的回忆。

Alice携母亲在某地游玩时，回答当地某组织举办的竞猜问题中了大奖，是两份价值500元的当地游套餐，兴致勃勃的她们欢喜不已，却未曾料到等待着她们的将是一场连环套。

一开始，负责接洽的导游态度极好，说话也很风趣，把中奖的一车"幸运儿"逗得前俯后仰，还贴心地提示了旅行时的注意事项。接着，他忽然话风一转，介绍司机人很好，虽然说话比较凶，但只要大家好好配合也不会拿大家怎么样。

然后正题就来了，晚上要带他们到一大户人家体验当地生活，宰牛杀鸡款待大家，每人要交300元作为消费补贴。话才刚说完，就立刻有几个游客表示这个安排很精彩，马上就把钱给交了，Alice本想看看其他游客的反应，却不想不少人由于碍着面子只好妥协付款，最后只剩下她们一对母女。司机一看，黑着脸说："必须去，不去就下车"。

可荒郊野岭的，下车能去哪儿呢？只好乖乖付了钱，随汽车继续行驶。下午，导游又把他们一行人等带到了号称出产缅甸玉的店铺。一小时后，导游拿着文件开始核定还有哪个家庭未作消费，黑脸司机又发话了："不消费就不开车"。此时，前面带头付款家宴的旅客又开始给没有消费的家庭施加压力，软磨硬泡，请他们随便消费一些，导游也帮腔道："出来玩总是要买些纪念品嘛"。

直到此时，Alice才明白，这哪是什么竞猜中奖游，分明是一场旅行诈骗。

❗ 旅行诈骗手法揭秘

Alice母女遇到的旅行诈骗具有一定的普遍性，诈骗的设计针对的是人们爱贪小便宜的心理，即先用一个诱惑把消费者栓住，然后在后期逐步增加消费内容，最终计算下来的金额往往远高于正常旅行的花费。

在这一系列的过程中，旅行诈骗者使用了如下套路。

（1）旅行诈骗者用"免费""中奖"，有时则是"低价"策略吸引一些爱贪小便宜的游客入场。

（2）先用和善与幽默麻痹住消费者，而当汽车已驶入不可换乘其他交通工具返程的境地后开始提出追加消费的内容。

（3）由混在消费者中的托率先付款，从而推动和促使其他消费者付款。

（4）由其中的一方（本案例中为司机）给予足够的硬压力，强制消费。

（5）由其中的另一方（本案例中为导游和托）从侧面给予软压力，说服消费。

在这种多重组合拳的压力下，原本想要贪图"便宜"的消费者不得不乖乖为自己的"贪婪"买单，把原本"释放压力"的旅行演变成"压力剧增"的一场体验。

！旅行诈骗中所蕴含的 组合心理技巧

首先，除了在诈骗中屡试不爽的 <mark>"登门槛效应"</mark>，即如果直接标明"参团项目为沿途风光（车费50元）+夜宴（费用300元）"，且必须要在缅甸玉店消费一次，绝大多数消费者就极可能不会参与本次旅行；而欺诈者则用"中奖"的形式"邀请"消费者前来参加旅行（微不足道的小要求），在游客们上车且已不可能下车返程时再提出以上这些追加消费（更多的大要求），不少消费者就会就范。

其次，"托儿"在说服消费者买单的过程中也起了极大的作用。通过 <mark>"从众效应"</mark>（Conformity），<mark>即个体在受到群体的影响（引导或压力）时，会怀疑和转变自己的观点，改变自己的判断，修正自己的行为，使之朝大多数人一致的方向变化</mark>。"托儿"的率先付款为旅客做了表率，在更多的旅客付款后，少数原本并不打算支付追加消费的游客也会在压力的驱使下，改变自己的行为，支付原本并不想支付的消费款项。

最后，在这场旅行诈骗中，导游、司机和"托儿"还通过<mark>红脸白</mark>

脸效应来管理少量不愿配合消费的"刺头旅客"。在管理心理学中，红脸白脸效应是一种人们由于表扬和批评所引起的正反心理效应的现象。美国行为科学家肯·布兰查德（Ken Blanchard）通过研究发现，75%~85%的影响力来自表扬和批评带来的效果。本案例中，司机扮演白脸，用威胁和批评影响这些旅客；导游和"托儿"扮演红脸，用鼓励来说服他们，并最终一举拿下所有游客，完成了这出精心设计的旅行诈骗。

从众效应

右   左

> ❶ 当别人都做出相同的决定时，你的选择会被影响。

END WORDS

结语

● 天下没有免费的午餐，尤其出门在外，在信息不对称的时候，更要仔细小心。我们唯有熟知旅行诈骗者的套路，理解这些套路背后暗藏的组合心理技巧，才能更好地保护自己，让自己和我们的亲朋好友免于落入旅行诈骗的陷阱。

亲情缺失的
不良后果

- 健康食品诈骗者是怎么把1斤大米卖出30元的高价的？
- 什么是健康食品诈骗的套路？
- 什么心理技巧让受骗者心甘情愿的被骗？

！每斤高达30元的"健康大米"

随着社会不断发展，人们对自己的健康情况越来越关心。尤其是退休之后的老年人，这个群体往往有钱有闲，对自己吃的问题东西有一定的担忧。他们会认为平常的食物并不能满足身体的需求，因此，就会把注意力逐步转移到健康食品上。一些诈骗分子正是抓住了老年人这一心理上的痛点，运用心理技巧对老年人展开了一系列的攻心诈骗活动。

70岁的老马在小区里锻炼，一位小伙子叫住了他，自称是某大学中医院的实习生小李，有一些免费健康杂志想要赠送给周边的老年人，做一些公益事业。收下这本健康刊物，老马对小李很有好感。在聊家常的过程中，老马把自己高血压、糖尿病，月均5 000元的退休金以及子女在国外工作等情况都告诉了这个小伙子。临走时，小李还邀请老马参加周六早上举办的"免费义诊"活动，让老马觉得很有兴趣。

义诊当天，现场人头攒动，老马在义诊桌量了血压，搭了脉搏，听了"专家"给他的一些生活小贴士。临走时，小李还特地为老马拿来两袋8两装的特级健康大米作为赠品送给他。这一举动让老马感动不已。回到家，老马彻底放下了戒备，打心底认为这和新闻上说的保健品诈骗完全不同：的确是正规医院开的公益义诊，只是稍微有些健康食品的宣传而已。

在后来的几个月里，小李和老马走得很近，小李经常来老马家做客，老马也时常参加一些鼓吹健康食品但并不强制购买的义诊和宣讲会。小李每次不但嘘寒问暖，还给他老人家送一些挂面、毛巾、肥皂等生活日用品。这让老马总有一种亏欠感，认为自己总是在占小李他们的便宜。

有一次，老马终于忍不住问小李："上次你给我的健康大米很不错，能给我来一些吗？"边说边拿出钱。小李问："您要多少？"老马说："给我来两箱吧。"从此以后，老马每个月都以高达598元的高价从小李的手中买下20斤大米，平均每斤的价格高达30元。

❗ 健康食品诈骗套路揭秘

你可能认为，以上案例"一个愿打，一个愿挨"，怎么会和健康食品诈骗有关呢？这不就是普通的交易行为吗？然而，如果你看清了其中的套路，或许就会觉得这不是看起来那么简单了。

健康食品的诈骗套路如下。

（1）在小区里寻找锻炼的老人，因为他们对自身的健康关注度比一般老人要高。

（2）了解他们的基本情况，确定他们有没有需求，有没有足够的消

健康食品诈骗

1.派送健康类宣传册。

2.要求参加义诊，免费送礼物。

免费健康讲座

礼品

3.取得信任后，提出购买请求。

保健品 → 购买

185

费能力，子女平时在不在身边，从而确认该目标是否值得继续跟进。

（3）派发免费健康杂志／书刊给他们，引起他们的兴趣。

（4）利用好感，邀请他们参加免费义诊等名为服务，实则宣传健康产品的活动，且不在活动之初要求购买，降低目标对象的防备心。

（5）不断地赠送小恩小惠，使老人产生愧疚感。

（6）在取得老人们的信任后，等他们自己提出购买的请求。

这一套套路走下来，几乎没有几个老人不乖乖就范的。然而，这些所谓的健康产品实际成分并没有太多的用处，只是品质较好，但费用却特别贵。只要稍微在网络上查一下就会发现同品质的产品售价远低于它们。

！健康食品诈骗
所包含的心理原理

人们总是对免费的东西没有抵抗力，却往往在受到别人的恩惠后又会产生愧疚感，从而迫切以更多的付出来回报对方。这就是我们在本书第二章中曾讲到过的"**互惠原理**"。互惠原理的威力在于，即使**是来自陌生人施以的恩惠，哪怕仅仅是两小包大米、一包挂面、几条毛巾、几块肥皂，也会令我们产生一种心里的负债感，而为了偿还这种负债的感觉，人们就会倾向于做出有利于对方的方式来回报恩惠的施予者**。

在健康食品诈骗的诸多案例中，诈骗者通过聊天，洞悉目标对象"有恩必报"的倾向程度并确认之后，再通过小恩小惠触发对方人性中的善，从而达成既定任务，使之成为高价健康食品的长期顾客。

　　此外，不要觉得仅邀请目标参加义诊、宣传活动却不促使购买就没有作用。根据"==纯粹接触效应=="（Mere Exposure Effect），==仅仅由于产品呈现的次数频繁，个体就会对该产品产生好感==。多次的参加，早已在活动参加者的心中埋下了将来采取购买行为的种子。诈骗者们只需耐心的等待，这颗种子就会生根、发芽。

! END WORDS

结语

● 健康食品诈骗看似无害，其本质却是用昂贵的价格诱使信息缺乏的老人不断地购买效果并不显著的产品，是一种把心理学原理运用到炉火纯青的高级诈骗形式，让受害者"被卖了还帮着数钱"。我们唯有让老人们知晓其中的套路和原理，才能让他们重新擦亮眼睛，不再跌入健康食品诈骗的骗局之中。

04 当心"专业人士"的欺骗

- 电子机器诈骗是怎样坑害消费者的?
- 什么是电子机器诈骗者行骗的标准套路?
- 为什么我们会盲目的信任和服从欺诈者?

！被偷梁换柱的 电子芯片

　　家里的电子机器坏了,人们首先想到的就是维修。然而,在电子机器的维修领域却往往暗藏玄机。这些猫腻和诈骗行为坑害了无数的消费者,不得不防。

　　姚小姐最近就遇到了这么一件闹心事。两个月前,姚小姐家里的台式电脑开机老是重启,她就在网上查到一家提供电子制品上门维修服务的店铺,说是可以免费上门检查。检查过后,负责检修的技术人员说了一堆专业术语,听不太懂的姚小姐大致了解到这台电脑可能有一堆问题,需要拿到技术人员所说的专业电子厂做进一步检查和维修。

　　第二天,姚小姐致电该店铺询问维修进展,店铺方回答说其中的一个重要芯片损坏,需要支付780元更换该芯片。姚小姐询问了懂电脑的同事,同事告诉她这个维修价格远远超过了一般维修电脑的价格。同事陪姚小姐拿回机器后决定再到市中心的正规维修点检查,在付了145元更换了一根内存条后,机器正常启动。但姚小姐发现以前她的电脑开机时间仅12秒，可以击败全国87%的用户，而现在开机时间居然长达35秒，仅仅击败全国39%的用户。

仔细检查之后，姚小姐发现自己原本的四核芯片变成了双核。致电之前的维修店铺，店铺方极力否认调换芯片。苦于没有证据，试图报警的姚小姐并未获得立案处理，吃了哑巴亏的她郁闷不已，但也只能选择安慰自己吃一堑长一智。

！电子机器诈骗套路揭秘

类似的电子机器诈骗事件层出不穷，但它们不外乎以下套路。

（1）用免费上门检查作为诱饵吸引你找他们作为提供维修服务的对象。

（2）在和你交谈的过程中了解并判断你对机器的熟悉程度。

（3）用专业术语解释提升自己的权威性，并告诉你，你的机器存在一堆问题，必须返厂维修。

（4）告诉你如果要把机器修好，就要支付高昂的维修费用。

（5）在将机器还给你之前，偷换机器中值钱的零件。

只要之前没有遇到过类似手法的诈骗，一般人，尤其是对电子机器不太了解的消费者很容易跌入诈骗者事先挖掘好的陷阱中，最终苦于没有充足的证据去申诉自己遭遇的欺诈而蒙受经济和心理上的双重损失。

电子机器诈骗

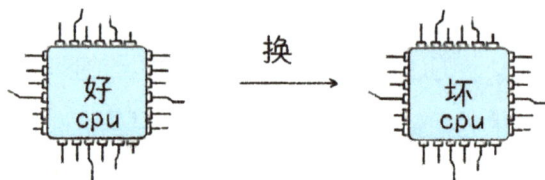

维修工

Free

1.上门免费服务。

Repeater

Capacity

RAM

Pipeline

2.用专业术语糊弄对方必须返厂维修。

好 cpu → 换 → 坏 cpu

3.偷换机器中值钱的零件。

！电子机器诈骗暗藏的
心理学原理

"免费上门维修"和"专业术语轰炸"是人们选择和相信诈骗者的最重要原因。前者是诈骗案中常见的"登门槛效应"的运用，即诈骗者以免费为"敲门砖"，登入你的家门，假装为你检查机器，以图实施后续的欺诈计划（由于之前的几篇已对"登门槛效应"有过详细分析，所以本篇就不再赘述）。而后者使用的则是晕轮效应（Halo Effect），它让消费者在对技术人员产生一定程度的信任后，老老实实地把电子设备让欺诈方带回返修厂，为实施高价维修与偷梁换柱做准备。

什么是"**晕轮效应**"呢？它又可被称为"光环效应"，最初由美国心理学家凯利（H.Kelly）提出，**说的是一个人的某一特征如果给人以良好的印象，在这种印象的影响之下，人们对此人的其他特性也会产生比较积极的评价**。由于不懂电子机器的具体技术，受害人往往会不自觉地对满口专业术语的技术人员产生敬意，正是由于这份敬意给了诈骗者可乘之机，成功地把敬意转变为盲目的信任。

因专业而尊敬，因尊敬而信任，因信任而服从。电子机器的诈骗者正是利用了这一由晕轮效应带来的逻辑链条骗取高昂的维修费，偷换昂贵的电子零部件。

END WORDS

结语

● 随着电子设备在我们生活中逐渐扮演着日益不可或缺的作用，我们身边的机器也越来越多，而它们的保养和维修是我们必然会遇到的问题。因此，当我们的确需要维修它们时，不能被所谓的免费检查所蒙骗，更不可由于维修或技术人员的专业性而轻率地答应他们的要求。前往正规商店或寻找专门的付费维修才是更"省钱"的选择。

股神并没有那么神

● 为什么有些股票预测会极准?

● 什么是投资预想诈骗的套路?

● 什么是权威效应?

！你以为的开始其实是诈骗活动的结束

你遇到过股票预言准确率100%的"股神""股圣"吗？只要遇到一个，他就有可能让你尝尝被诈骗的滋味。

Anderson是一位职场白领，工作几年攒了一些闲钱，在同事的带动下，开了资金账户，开始用股票来为自己投资理财。一天，他收到一个邮件，对方自称是某知名研究所，并研究出了一套基于大数据能精准预测股票涨跌的算法。只要Anderson见证他们大数据算法的实力即可，无须做任何动作，然后给出一支股票代码，并称"今日必涨"。

由于平时也会收到不同的垃圾邮件，所以Anderson也并未太在意。次日，当他整理邮件时，Anderson无意间又浏览到了该邮件。出于好奇，他打开手机验证这支股票是否如邮件的发送者说得那样准确，结果令人震惊，这支荐股果真大涨5%。

午饭前，一封新的邮件几乎在和昨天的同一时间送进Anderson的电子邮箱，邮件的措辞依旧斩钉截铁"XX股份，今日必涨"这样一连几天，除了涨跌幅有高有低，但每次的预言都能被准确验证。

这天午饭前，邮件如期而至，但结尾处却一改让Anderson按兵不动的措辞，而是告诉他，如果愿意相信他们，就给某账户打2000元入会费，以后会继续透露股票预测的信息。

Anderson有些心动，毕竟，凭借5万元的本金，2000元可能一天就回来了。下定决心后，Anderson立刻通过银行转账，将这笔钱打入对方的账户。可是，悲剧就这样发生了。Anderson以为这是一个崭新的开始，可事实却让他不得不清醒，一场诈骗已然结束——对方从此以后再也没有给他发邮件了。

！投机预想诈骗
解密

Anderson所踏入的诈骗陷阱被称为投机预想诈骗。在该类诈骗圈套中，诈骗者有一套极其"科学"的欺诈套路。

（1）利用邮件列表给10万甚至更多的股民（开户时留下的邮件地址）群发荐股涨跌预言，其中，一半预涨，一半预跌。

（2）当该股收涨或收跌后，欺诈者就会在第二天向预测准确剩下的5万人再次群发预涨或预跌预言。

（3）如此往复，第三轮、第四轮、第五轮被筛选下的"幸运儿"分别为2.5万、1.25万、6250人。

（4）五轮预言结束后，剩下的6250人必然会有很大的一部分人对诈骗者荐股的经验和能力佩服得五体投地。

（5）此时，诈骗者以有偿继续提供荐股预言为诱饵，让这些深信不疑者支付入会费。当这些人支付入会费，在以为自己走上财富自由之路的开端时，随着骗子的销声匿迹，最终才发现靠这种信息发家致富原来只是黄粱一梦。

而假设6250人中有1000人愿意支付2000元入会费，那么该诈骗者所能骗取的金额就可以高达200万元。

投机预想诈骗所包含的心理学原理

除了针对人性中的贪念，诈骗者利用了心理学中的"权威效应"，成功地获得了投资者的信任，为最终的临门一脚做足准备。

所谓"权威效应"，是指一个组织或个人，由于其地位高，专业能力出众，有权威，那么他所说的话就容易引起别人的重视，并让人相信其正确性。

美国心理学家曾做过一个实验，在介绍一位德国教师时重点突出其化学专家的身份。之后，当这位专家打开一个蒸馏水瓶盖，并询问课堂里的学生，有谁闻到他最新发现的化学物质时，绝大多数的学生都举手表示自己闻到了。

在投机预想诈骗中，欺诈者利用概率，筛选出了每次都获得正确预测的投资者，在这些人的心理中树立了自身的权威性，然后利用了他们对其正确性的期望，追求自身投资安全感，增加"不出错"的保险系数等特点，最终成功骗取了他们的"入会费"。

权威效应

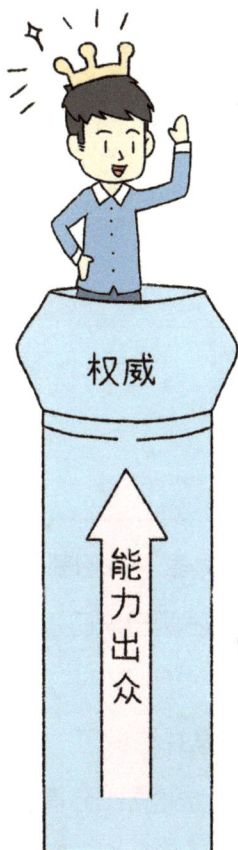

我说的话大部分都是对的

END WORDS

结语

● 投资预想诈骗是一种结合概率统计和心理学的高级骗术，身在局中的人很难识破其欺诈成分。作为投资者，我们一定不能盲目相信所谓"权威""专家""高科技"的各种预测，唯有通过自己的判断，选择合适的投资机会，方才得以真正地实现财富增值。

06

占卜
并没有那么高深

- 什么是典型的占卜诈骗?
- 占卜诈骗有怎样的流程套路?
- 什么是支持占卜诈骗的心理技巧?

！料事如神的 占卜"大师"

同事林思楠最近宣布改名叫林思培,大家一开始都以为她在开玩笑,没想到她却异常认真,甚至在微信朋友圈晒出户口簿上的新名字,并要求所有的朋友、同事都这么称呼她。

经过了解,思楠在春节期间由朋友引荐并结识了一位"大师",而这位"大师"仅仅三言两语就把她的性格描述得十分精准,引起了思楠极大的兴趣。一番畅谈后,"大师"还说出她曾在小时候生过一场大病,并洞悉她最近几年的事业发展并非很顺利。这些事实更让思楠对大师占卜的实力佩服得五体投地。

当问及如何才能破解迷局时,"大师"有些顾左右而言他,在朋友的暗示下,思楠包了一个800元的红包递到"大师"手上,希望"大师"能指点迷津。经过一番推辞之后,"大师"终于道破了"天机":结合林思楠的生辰八字,她五行多木而缺土,最好的办法就是把名尾的"楠"改成"培"。

思楠听后如获至宝，这就有了后来以迅雷不及掩耳之势易名改运的行动。

！你所不知道的
占卜诈骗

占卜诈骗由来已久，从古至今，其诈骗流程依旧无外乎以下套路。

（1）用模棱两可的语言，让你在他的词句中找到符合你自身情况的讯息。

（2）通过识别你的微表情，顺着你肢体语言的线索，逐渐说出你以前发生过的事情激起你的兴趣。

（3）通过聊天和诱导性的语言让你进一步自行吐露信息。

（4）根据这些信息做一些简单的推理，说出你最近可能遇到的困难。

（5）诱使你提出帮助的请求，让他帮助你指点迷津。

（6）假意推辞，并请他人明示、暗示给予其金钱或其他利益上的回报。

（7）给出无法证实也无法证伪，却煞有介事的解决方案。

（8）以后可能还会有进一步的接洽，从而诈骗更多的财物。

可以说，所有成功的"占卜诈骗大师"都是深谙心理学和微表情的高手，他们的手法不易察觉、极其高明，在润物细无声之中获取受害者的信任，让他们心甘情愿地掏出真金白银来获取那些莫须有的运势或命运改变的行动计划。

占卜诈骗背后的心理学原理

除了微表情的识别，在占卜诈骗中起着关键作用的心理学是 "==巴纳姆效应=="。巴纳姆效应（Barnum Effect）是1948年由心理学家伯特伦·福勒（Bertram Forer）通过一个著名试验证明了的一种心理学现象。它是==指就算某种描述十分空洞，人们也会很容易地相信这个笼统而一般性的描述十分适合自己的某些特征。==

这个实验非常有趣，福勒教授给学生们发了一份描述其性格的文字，然后让他们根据符合程度打分。结果，学生们打下来的平均分高达4.26分（满分5分）。这份著名的性格描述是这样的："你的内心十分希望受到他人的喜爱但有时却对自己吹毛求疵，要求略高。每当你发现自己性格上有些缺陷时，大体而言都有办法去弥补它们。你拥有可观的未开发潜能和尚未发挥出来的长处。有些时候，你看似强硬、严格自律的外在掩盖着不安与忧虑的内心。你还会时不时质疑自己是否做了对的事情或正确的决定。此外，你喜欢一定程度的变动并在受到限制时感到不适。你为自己是独立思想者自豪并且不会接受没有充分证据的言论。但你认为对他人过度坦率是不明智的。有些时候你外向、亲和、充满社会性，而另一些时候你却内向、谨慎而沉默。"

你是否发现，这份性格描述同样有不少部分和自己很像？不错，占卜诈骗者们深谙其中的精髓，他们正是用类似以上这种模棱两可的模糊语言，让你从中选择性地搜集各种支持自己的证据，然后用这些不相干的信息，拼凑出一个逻辑并使之符合自己的设想，从而让毫无经验的你跟着欺诈者的剧本昂然前往却浑然不知。

巴纳姆效应

自 我 认 为

❶ 就算某种描述十分空洞，人们也会认为这个笼统而一般的描述十分适合自己的某些特征。

END WORDS

结语

●占卜诈骗这种古老的骗术之所以会经久不衰的根本原因是人们对现实生活不满的情绪以及对改变命运的渴望是无时不在的，骗子们别有用心的利用"巴纳姆效应"来获得我们的信任，实行诈骗。因此，我们唯有提高判断力，明智和审慎地思考搜集来的信息，才能真正有效地避免落入占卜诈骗的圈套。

07

小心婚姻中介
成为美丽的陷阱

● 典型的婚姻中介诈骗是如何坑害你的？

● 婚姻中介诈骗采取怎样的套路？

● 什么是婚姻中介诈骗背后的组合心理技巧？

！打了水漂的
会员费

今年29岁的Jackie是一名公司的白领，单位里女性同事居多，平时也没有和男孩子们接触的机会，眼看就要步入30岁的行列，Jackie还真有一些为自己的幸福着急。在翻阅某杂志时，Jackie无意间发现了一个曾经见过其广告的婚姻中介联系方式，心动之下她拨打了电话，预约好时间。

见面后，负责接洽的红娘对Jackie说和她很有缘分，因为红娘的女儿也恰好在Jackie毕业的院校求学，一边从数据库中展示他们公司的成功率，一边承诺一定在服务有效期的半年内帮助她找到心仪的对象。看了这些资料后，Jackie觉得既然那么多人都在这家婚介所找到了心仪的另一半，那么凭借自己还算不错的条件，没有理由会失败。正当Jackie决定开启这场牵手之旅时，红娘话锋一转——想要进入服务流程并与相亲对象单独见面，需要先付1 880元会员费。

Jackie觉得理所应当，就交了钱。交完钱后，红娘给Jackie先约了一位35岁的物业经理。可是联系对方后，却发现这位男士不但超过40岁，而且还离过婚。Jackie气愤地找到红娘，红娘连忙说抱歉，是自己搞错了，然后又立刻为她再安排一人。

第二位男士长得倒很让Jackie心动，而且他还担任一家大型上市公司的中层干部。不过会面开始才不到15分钟，这位男士就接到电话，说有急事要离开。此后，就与他再也联系不上了。

后来，红娘还介绍过几个对象，但不是和资料显示的不符，就是会个面就迅速结束。几次之后，聪明的Jackie找到了其中的规律，越来越觉得这家婚介所不靠谱，但由于平时工作繁忙，没有精力与他们理论，1880元会员费也就这样打了水漂。

婚姻中介诈骗套路解密

这些婚姻中介诈骗实际从没想过要好好服务于消费者，而仅仅想要骗取更多的会员费，他们的套路往往如下。

（1）在符合受众群体常看的杂志或网站上做广告，吸引未婚人群或其亲属前来联系。

（2）见面后先用拉近关系的手段设法缩短你们之间的心理距离，再展示大量的成功案例让你见证他们的实力，设法获得你的信任感。

（3）在你缴费后，会为你安排几次会面，但由于该类中介的资料库往往以虚假成份为主，所以他们也只能安排被包装为成功人士的异性会员、长相还不错的婚托等充数，形成信息的诈骗。

（4）当合约期满后，大部分消费者由于各种原因往往会选择放弃维权，而针对少量盯着维护自身利益的客户，这些机构为了持续维持骗局，则会通过谈判协商做好安抚工作或因为信息欺骗而交违约金，进行赔偿。

假设这些婚姻诈骗中介每年获取会员 1 000 人，每人交费 1 880 元，赔偿率为 20%，其年收入也可高达 150 万元，除开一些必要的营销成本和婚托劳务成本，其净利润可以高达 50 万元以上。

而有些更胆大、更离谱的黑中介甚至会聘请"专业的单身人士"，以骗取房产财产为目的，采取先结婚再离婚的诈骗手段，骗取受害人的钱财。这种令人防不胜防的欺诈方法，其利润更是可以高达上百万元。

婚姻中介诈骗的组合心理技巧

所有的诈骗无外乎先取得他人的信任，再设法行骗，婚姻中介诈骗自然也不例外，而且，婚姻中介诈骗运用了更多的组合心理技巧。

首先是纯粹接触效应。营销是该类诈骗者最大的成本之一，通过在各大目标消费者关注的网站、杂志精准投放广告，让消费者们频繁地看到这些中介的品牌，使潜在受害者对其产生好感，使有需求的消费者自行与之取得联系。

其次是认同效应。通过接洽时的说话技巧，诸如"我家女儿和你在同一所毕业院校求学""我的祖籍也是某地"，甚至"你和我的生日是同一天"等技巧、手法拉近与受害人的心理距离。

再次是 <mark>从众心理</mark>。向你展示在他们的撮合下，多少单身男女已经走到了一起。通过暗示你那么多人会成功，你也必然会获得成功，从而让你心甘情愿地出资入会。

婚姻诈骗组合心理学技巧

1.取得信任。

我们是
老乡啊!

2.利用从众心理。

别人都
这么做

拉拢

最后，由于优质会员从来都是少数者，所以，对于此类缺乏实力的婚姻中介来说，能让双方成功配对自然最好，但倘若实在不行，则以尽可能减少退款率为目标的前提下展开以虚假资料包装一方（包装对象通常为男方，因为社会地位和经济实力短期内较难验证）实施假相亲，或者以婚托相亲的策略"履行"为期半年的相亲安排。

从结果来看，与其说这类婚姻中介的主营业务是安排相亲，不如说他们的主要目标在于如何不知不觉地糊弄受害者。也只有观察能力和思考能力出众的消费者才不会认为只是自己看不上别人或别人看不上自己而已。

END WORDS

结语

● 结婚是现代人普遍而刚性的需求，红娘也是自古以来受人尊敬的职业。但当婚姻中介变成诈骗时，一切就都变了味道。作为普通消费者，我们唯有洞悉诈骗份子对以上心理学的滥用，看穿他们的典型套路，才能在相亲这件事情上不受欺骗，保护好自己财产的同时也保护好自己珍贵的青春岁月。

08

你的领导不缺钱

- 权威冒充诈骗者是如何冒充领导骗得巨款的?
- 什么是权威冒充诈骗的典型套路?
- 为什么人们会屈服于权威?

! 我是你的领导

张小雨在一家大型国企上班，一天他收到一个陌生号码的来电，"张小雨，我是你领导。"口气严厉而充满权威。小雨一阵紧张，战战兢兢地问："哦，您是贾领导吗？"对方马上接口："对，是我。明天你到我的办公室来面谈，9点，别迟到了，到我楼下给我电话。"说完就直接挂了。

张小雨想，贾领导平时出了名的严厉，不知道这次要找自己有什么事情，自己最近好像也没犯什么错误。怀着这种忐忑的心情，张小雨第二天早上9点如约来到了领导的办公楼下。按照约定，小雨拨通了贾领导的手机。

"我正在接待上级领导，你在楼下等我一下。"小雨也不敢多说什么，只能在楼下来回踱步。大约等待了10分钟，贾领导又来电话了，"张小雨，我要临时送红包给上级，不过现金不足，我把上级领导的账号给你，你立刻汇款10 000元过来，回头我给你报销。"小雨接到命令，二话不说，立刻掏出手机填写账号，输入密码，10 000元立刻汇入了上级领导的账号。

过了不久，领导来电，先表扬了小雨一番，却再次要求小雨汇款。小雨觉得有些不对，和其他同事确认了贾领导的手机号码后方才觉醒自己被骗。

！权威冒充诈骗套路

人天然地会服从于权威，尤其对自己身边的领导权威更是如此。所以，权威冒充诈骗分子充分设计了如下诈骗流程，玩弄受害者于无形。

（1）通过各种渠道，获取被诈骗对象的个人信息，对其职业身份做足功课。

（2）用电话直呼其名，告知自己是他的领导，由被欺诈者自行说出具体是哪位领导。

（3）让受害者第二天来自己办公室一次，使其进一步产生敬畏心理。

（4）翌日以接待上级领导为名督促受害者汇款。

（5）收到款项后要求再次汇款，能成功则已，不成功则就此销声匿迹。

通过以上诈骗手法，权威冒充诈骗者单次操作成功诈骗就能骗取受害人5 000元以上的金额，对于部分受害者，甚至出现过高达5万元以上的诈骗金额。

为什么人会屈从于权威

耶鲁大学心理学家斯坦利・米尔格伦（Stanley Milgram）曾经在1961年组织研究过一场轰动于一时的米尔格伦实验（Milgram experiment）。该实验旨在测试受试者，在遭遇权威者下达命令时，人性所能发挥的拒绝力量到底有多少。

参与者被告知这是一项关于"体罚对于学习行为效用"的实验，并扮演老师的角色，而教室隔壁房间的"学生"则由实验人员假冒。"老师"和"学生"被安置在相邻的房间，虽然不能彼此看见对方，却能隔着墙壁以声音互通。

实验开始时，"老师"被赋予一具从45V电压起跳，最高可达450V电压的电击控制器，"学生"在被测试答错问题时，由"老师"实施电击惩罚。实验人员冒称的"学生"则会根据"老师"的惩罚电压，通过录音机播放受罚后的尖叫和其他反应。参与者相信，"学生"每次答错都会受到真实电击。而倘若参与者表示想要停止实验，实验人员则会依照以下顺序回复。

（1）请继续。

（2）这个实验需要你继续，请继续。

（3）你继续进行是必要的。

（4）你没有选择，你必须继续。

如果经过四次回复，参与者依旧希望停止，实验就会真的停止。

原本预想实验结果应该只有不到10％的人会屈从于权威，但真实结果令人震惊：居然高达65％的受试者都最终将惩罚加到了最高的450V，尽管他们表现得并不舒服。

由此可见，权威的力量对人类心理的影响是多么的巨大。诈骗份子正是深知人们会大概率屈从于权威，才将这个诈骗套路广泛地运用于企业普通员工的身上，并骗取钱财。

屈从权威实验

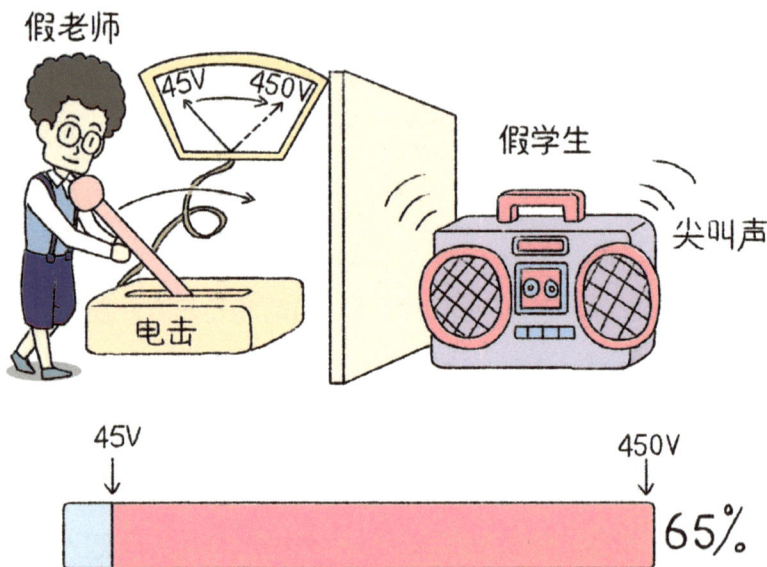

假老师 45V 450V 假学生 尖叫声 电击

45V 450V 65%

⚠ 在权威的逼迫下，被实验者要求扮演的老师对学生实施电压惩罚的概率高达65%。

! END WORDS

结语

● 理解了权威冒充诈骗的原理，我们就应该在发现自己盲从于权威的压力之下时提醒自己，反复审视和分析一下具体的情况，尤其在涉及金钱的往来时，更应通过向他人核实详细的信息来识别是否存在欺诈的可能。

09

诈骗的常用句式

- 除了套路，我们还能如何迅速识破骗局？
- 什么是欺诈者最常用的8种套句？
- 我们该如何在时代的变迁和欺诈套路、套句升级迭代中始终擦亮眼睛？

！ 通过套路、套句识别骗局

本章之前8个小节的内容，我们向读者介绍了8种典型的诈骗手法。在日常的生活中，我们只要见到类似套路的影子，就能果断地判断其中欺诈的可能。与此同时，识别诈骗通常还有一些常见的套句，本篇就来重点为你说说这些诈骗的常套句长什么样子。一旦你发现包含类似以下句型的语言套句，你可就要多留一些神，以免落入欺诈者预设的陷阱之中。

！ 诈骗的常套句有哪些

1.我们不是诈骗

这类常套句的使用者往往是一些初级欺诈者。贼喊捉贼实际是心虚的表现，一旦对方强调自己不是诈骗，你就可以升起警戒之心，用审视的眼光来分析其中的风险大小和利害关系。类似的套句还有：说一句心里话、我是老实人等等。

2.你如果不相信，我可以只收你一个订金

这种说法看似对你有利，实际却是"登门槛效应"运用的开始。通过"收你一个订金"，欺诈者已经请你迈入了一个难以回头的门槛，通过率先对你提出一个小要求，利用你潜意识里"人类会本能地希望认知趋于协调的想法"，之后必然会对你提出更大的要求。

3.把眼光放长远来讲，是会赚钱的

这类句型往往用来对付一些比较谨慎的受害者，因为当一切太顺利的时候，人们往往会心生警惕，而倘若强调短期可能不利，造成一些并非过于顺利的假象，反而符合了谨慎者的预期，使其更好地进行行骗。

4.你哪里不舒服

欺骗的第一步是赢得信任，当欺诈者关心你的身体时，由于互惠原理的存在，人们会本能地存在某些亏欠感。这种亏欠感会让欺诈者赢得你的信任，并在此之后突然行骗，让人在最放心的时刻掉入受骗上当的陷阱中去。

5.我是xxx介绍的

这种套语利用了心理学中的"自己人效应"，其通过你们共同熟人的引荐，瞬间拉近你们之间的心理距离，使他说出来的话更容易获得你的信赖，更易为你所接受。

诈骗常用句型

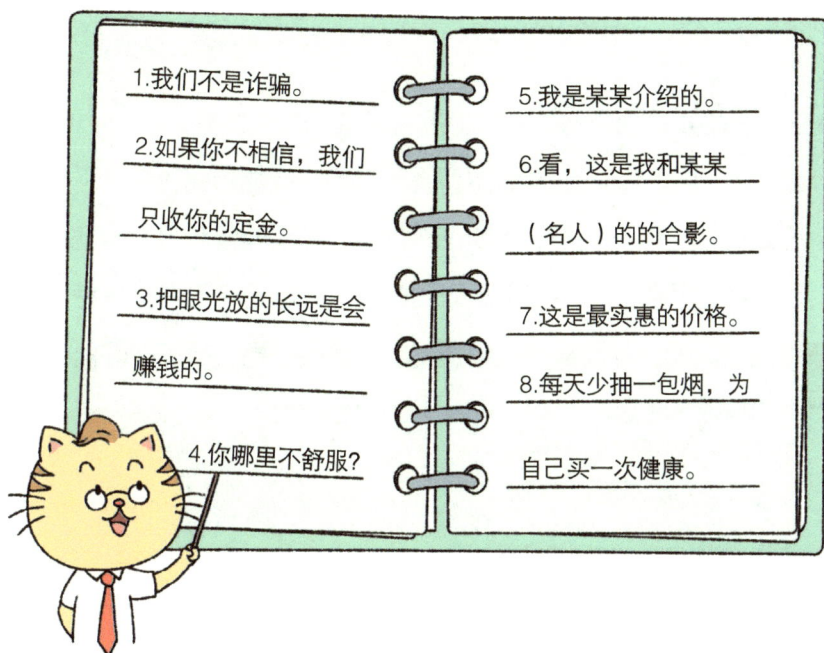

1.我们不是诈骗。

2.如果你不相信，我们只收你的定金。

3.把眼光放的长远是会赚钱的。

4.你哪里不舒服？

5.我是某某介绍的。

6.看，这是我和某某（名人）的的合影。

7.这是最实惠的价格。

8.每天少抽一包烟，为自己买一次健康。

6.看，这是我和xxx（名人）的合照

与第5种套句类似，通过向他人秀自己与名人的合照，也能在一定程度上让人产生信任感，让别人觉得自己有一定的实力。实际上，只要稍作深入思考，在欺诈者在与名人合影时，名人们仅仅是在大庭广众之下不好意思拒绝而已，仅仅凭借一张照片又能说明什么问题呢？

7.我只跟你说这话，别跟别人讲，你是最实惠的价格

每个人都在内心深处渴望被特殊对待，总是认为自己是独一无二。

而欺诈者正是深深洞悉了受害者类似的心理特点，以看似差别对待的话语实施无差别的诱导，从而为实现自己不可告人的目标添砖加瓦，增加概率。

8.你每天少抽一包烟，为自己买一次健康

当你不愿意付钱的时候，这种说话技巧往往能为骗子们立下汗马功劳。它通过把一种不健康的习惯花费替换成购买健康产品、为健康做投资。这种在语句中制造明显前后对比的说法，能迅速改变受害者对这类健康产品的认知，从而实现大幅提高成交率的效果，是一种偷换概念促成消费的有效手段。

一起讨论你感兴趣的话题吧！

一不小心就看完最后的章节了，营销心理学到这里就告一段落了。

是否还意犹未尽呢？

是不是觉得图画的内容很有趣呢？

或者你觉得还有更好的图解方式？

扫描左边的二维码，一起讨论吧！

主要参考文献

[1]亚伯拉罕·哈罗德·马斯洛.人类激励理论[J]. Psychological Review, 1943：370-396.

[2] 卡尔·冯·克劳塞维茨.战争论[M].孙志新，译.北京：北京联合出版公司，2014：68-70.

[3]丹·艾瑞里.怪诞行为学[M].赵德亮等，译.北京：中信出版社，2010：142-144.

[4] 菲利普·科特勒.营销管理[M].何佳讯等，译.上海：格致出版社，2016：50-52.

[5] 德鲁·埃里克·惠特曼.销售心理博弈指南[M].何守源，译.北京：人民邮电出版社，2016：100-102.

[6] 哈里·巴尔肯.微表情心理学：读心识人准到骨子里[M]. 江菲菲，译.北京：群言出版社，2014：51-53.

[7] 丰田裕贵，坂本和子.知識ゼロからの売れる消費者心理学.东京：幻冬舍，2011：64-65.

[8]齐藤勇.思いのままに人をあやつる心理学大全. 东京：宝島社，2013：80-82.

后记

　　从刚开始着手写《博弈心理学（全彩手绘图解版）》和这本《营销心理学-金牌营销一定要懂得的心理学秘密（全彩手绘图解版）》到写完加起来用了半年时间，其中最让我感慨的是在系统化梳理这些心理学知识的过程中，再次发现了自己内心深处对它们真切的热爱。

　　2016年11月，当我还在国外旅行的时候，速溶综合研究所给我发来了书本的大纲。我简短看完之后，立刻觉得文思泉涌，当场就拿出手机打开文字编辑工具着手撰写。当时很有意思的是我的妻子、儿子、岳母在心斋桥的商业街海淘商品，而我就蹲在繁华街道的一边，把脑海里的知识点串联起来，并把它们梳理成文，逐渐形成了最终的稿件。

　　这个画面一发不可收，后来还出现在大阪到京都的新干线上、奈良的东大寺里。这是一种非常美好的状态，每每想起，都会不禁莞尔。另外，正是由于撰写了这两本心理学书籍，我的职业生涯也发生了戏剧性的变化。这让我从一个传统制造业的培训和生产经理，开始转变为一个从事营销相关的互联网独角兽企业的运营经理，开始从事自己梦寐以求的工作和事业。

　　在这里，我要特别感谢与我对接的编辑雷敏，是你发现并成就了我的这段无与伦比的经历。这是一场诗意的蜕变，更是一次值得在年老后反复回味的人生经历。

何圣君

2017年7月